Minerva Shobo Librairie

新しい特別活動の指導原理

山﨑英則/南本長穂

[編著]

ミネルヴァ書房

まえがき

　大学で「特別活動の研究」の授業を行うとき，最初，学生に対して必ず次の質問をする。「これから半年，『特別活動の研究』の講義を行っていきますが，特別活動について知っている人，手を挙げてください」。学生の反応はあまりない。質問を変えてみた。「いままで特別活動について，思い出深いことを2～3挙げてください」。学生は，隣同士，昔を思い出しながらぽそぽそと話をしてはいるものの，はっきりとした答えを示してこない。そこで，卒業式や入学式，文化祭や運動会，遠足や修学旅行などの具体的な話をしてみた。「なーんだ，そんなことが特別活動に入るのか」。なぜ，このような回答が返ってきたのであろうか。それは，「特別活動」という言葉そのものが教師のためのものであり，そして特別活動の具体的な内容が児童や生徒の意識の中に自然に浸透していないからであり，当たり前のことと見なされているからである。

　「特別活動」が教師のためにあるゆえに，教職を取得する学生にとっては，その本質や内容を学ばなければならない。市町村からの辞令をもとに，ある小学校の教師として初めて赴任した先輩のことを思い出してみよう。まず，始業式や入学式に遭遇するであろう。その後，あるクラスの担任として教室に行き，朝の会を開き，子どもたちと出会い，あいさつをし，相互の自己紹介をするであろう。次に，学級会を開き，クラスでの重要な役割を決めていくであろう。その後の終わりの会（帰りの会）では，1日の反省会を開き，明日のための心の準備をして，あいさつをした後，帰路につくであろう。翌日は，学級会のときに決められた日直の号令のもとに，すがすがしい気分の中で，各科目の授業が展開されていくことであろう。このように，教師の1日の仕事を分析するとき，各科目の授業と同様に，特別活動がいかに重要な位置を占めているかが理解されるであろう。

　視点を社会一般に向けるとき，少子化現象，親友の少なさ，遊び友だちの少なさ，体験や経験を行う機会の少なさなどに気付かされる。具体的に挙げてみ

よう。兄弟や姉妹が少なく，いわゆる「斜めの関係」が減少し，親と子という上下の関係が中心となっていること，心を割ってお互いに支え合うことのできる友だちが少なくなっていること，小さな部屋で各自がそれぞれいろいろな遊びをすることを遊び集団と思い込んでいること，身体ごと直接事物と関わって相互に交わす機会をなくしていること等々である。言い換えれば，いまの子どもたちは，自分の気持ちと他人の気持ちを分かち合うことのできる社会性や自己主張・自己抑制することのできる能力を，生きて生活しているという自然の過程の中で十分に身に付けていないのである。現代の子どもたちの行動の中に顕著に見られる非社会化現象ゆえに，特別活動のもっている教育的意義が再確認され，重要視されなければならないのである。

　ここで，ある児童の1日の生活を振り返ってみよう。各教科目では，毎時間，漸次進んでいく内容のため，ある程度の緊張が要求される。宿題が出されたときは，緊張を家庭の中にまで持ち込んでしまうことになる。道徳の時間では，使われた教材について自分の意見を言うことができるため，多少の緊張が要求される。総合的な学習の時間では，自分自身の興味や関心に基づいて，探訪，探求，追跡が行われるため，ほどよい緊張が感じられるであろう。遠足や誕生日会，運動会や文化祭では，明日の予期しない楽しみのために，上記に挙げたものとは違った眠れない緊張，興奮に基づくわくわくさが感じられるであろう。このように，諸行事を含んでいる特別活動は，目的や意図に内包されている，やらされているという実感から開放し，単調に展開している繰り返しの中で，ある種の変化，すなわち，楽しさを満喫させる活動，一種のオアシス的な役割を果たしている活動である。つまり，特別活動は，連続している緊張の中で弛緩を味合わせることのできる，学校生活を楽しくしかも思い出深いものにする活動なのである。特別活動を機能として明らかにされなければならない理由がここにあるのである。

　特別活動を別の視点から見てみよう。特別活動は，各教科目，道徳の時間，外国語活動の時間，総合的な学習の時間と同様に，集団で展開される。集団活動が特別活動の専売特許であるとは言えないにもかかわらず，特別活動においては，集団活動に大きな比重が置かれている。なぜなら，子ども同士の集団活

まえがき

動を通して，子どもの社会性や連帯性，子どもの創造性や主体性を育成し，その結果として，子ども自身の円満な人格形成に大きく寄与しているからである。

しかし，そうであるからといって，教育の現場において，特別活動における集団活動を統制や規律のもとで意図的に方向付けていってはならないし，仲間を作ることを強制してはならないし，さらには，社会性形成にのみ重点を置いて個性形成を軽視してはならない。教育の活動においては，いずれの場合でも，社会性形成と個性形成とを分離して考えてはならないのである。

ここで，本書の執筆におけるモットーについて，説明しておこう。

① わかりやすいテキストをめざす。
② 学生にとって使いやすいテキストをめざす。
③ 教員にとって使いやすいテキストをめざす。
④ 各章の内容が教育の現場で直ちに応用できるテキストをめざす。
⑤ 教育現場でプロとして活躍できる能力の養成をめざす。

特別活動の時間は，学校の完全週五日制によって，さらには，総合的な学習の時間の導入等によって減少した。また，特別活動は，「学校教育法施行規則」では，一番最後に位置付けられた。しかし，上記のことから，意図的な教育の中で無意図的な教育がいかに重要であり，いかに大切であるかが理解されるであろう。意図的な教育から生起した教育諸問題は，無意図的な教育によって解決される，否，解決していくための多くのヒントを得ることができる。学校教育活動の中では，特別活動の考え方や理念を生かすことによって，教育諸問題の解決への糸口を得ることが待ち望まれている。その意味では，特別活動を見直すこと，特別活動を充実させること，特別活動に本気で取り組むことが重要になってくるのである。

本書は，それぞれの分野の専門家の協力のもとに執筆されたテキストである。時代の変化はつねに新しい知識を要求する。新旧の知識の構成や補完は読者諸氏の賢明で聡明な理解力や把握力に待たなければならない。本書が読者とともにより良いものに育っていくテキストでありたいと願っている次第である。

本書の発刊に際しては，まず，お忙しい中，ご執筆にご快諾をして頂き，原稿を期日内に送付してくださった各先生方に心からのお礼を申し上げます。そして，次に，本書の企画・発行に際して，編集会議などを開催してくださり，執筆者の意欲の統一を図られ，終始温かいご支援と変わらない励ましをいただいたミネルヴァ書房編集部の浅井久仁人氏に深い感謝の気持ちを表する次第です。

　　　2016年9月

山﨑英則・南本長穂

新しい特別活動の指導原理　目　次

まえがき

第1章　「行ってきます」から「ただいま」まで

1　小学生　集団登校で学校へ行く ……… 2
2　小学生の学校生活の一日 ……… 3
3　中学生　校門で生徒指導を受ける ……… 8
4　中学生の学校生活の一日 ……… 9

第2章　特別活動の目的

1　教育基本法に見る教育の目的・目標 ……… 18
2　教育課程の内容 ……… 18
3　改善の基本方針と改善の要点 ……… 19

第3章　学級活動（小学校）の特色

1　「学習指導要領」の「目標」と「内容」をどう読むか ……… 32
2　具体的な活動を考えてみよう ……… 35
3　学級の教室環境をみてみよう ……… 41
4　授業づくりとの関連 ……… 42

第4章　学級活動（中学校）・ホームルーム活動（高等学校）の特色

1　学習指導要領における学級活動（ホームルーム活動）の目標 ……… 50

2　学級活動（ホームルーム活動）の内容 …………………… *52*
　3　学級活動（ホームルーム活動）の意義とその特質 ………… *55*
　4　学級活動（ホームルーム活動）の実践に向けて …………… *60*

第5章　児童会活動の特色

　1　児童会活動の意義 ……………………………………………… *66*
　2　児童会活動の目標と内容 ……………………………………… *68*
　3　児童会活動の組織づくりと活動の実際 ……………………… *70*
　4　全校縦割り班活動 ……………………………………………… *76*

第6章　生徒会活動の特色

　1　戦前の中等学校における校友会活動の特質 ………………… *80*
　2　学習指導要領の変遷に見る生徒会活動の変化 ……………… *81*
　3　生徒会活動の現状と課題 ……………………………………… *84*
　4　生徒会の自立的・自主的活動が生徒を育てる ……………… *92*

第7章　クラブ（部）活動の特色

　1　クラブ（部）活動の意義と歴史 ……………………………… *96*
　2　小学校におけるクラブ活動 …………………………………… *99*
　3　中学校における部活動 ………………………………………… *102*
　4　地域社会とクラブ（部）活動の連携 ………………………… *106*

第8章　学校行事の特色

1　今回の学習指導要領改訂における学校行事の特徴 ………… 112
2　各種学校行事の特色 …………………………………………… 114
3　小・中・高等学校における学校行事の実際 ………………… 121
4　学校行事指導案の留意点 ……………………………………… 124

第9章　特別活動と教科，道徳との関係

1　学習指導要領における各教科との関係 ……………………… 128
2　特別活動から各教科へ ………………………………………… 131
3　各教科から特別活動へ ………………………………………… 133
4　道徳との関係 …………………………………………………… 137
5　各教科，道徳，特別活動をともに支える学級づくり ……… 139

第10章　特別活動と総合的な学習の時間との関係

1　特別活動と総合的な学習の時間との目標・内容の関係 …… 146
2　実践事例のよさに学ぶ ………………………………………… 155

第11章　特別活動における人間関係とリーダーシップ

1　問題の所在 ……………………………………………………… 162
2　日本の学校教育とリーダー …………………………………… 164
3　米国におけるリーダーの育成 ………………………………… 166
4　特別活動発展のためのリーダーシップ ……………………… 172

第12章　特別活動の歴史

1　特別教育活動の誕生——「自由研究」からの発足 …………………… *178*
2　「特別教育活動」の明確化 ……………………………………………… *179*
3　特別活動の成立 ………………………………………………………… *185*
4　「特別活動」の充実 ……………………………………………………… *187*

終　章　3分間スピーチ

1　スピーチの心がけと内容 ……………………………………………… *194*
2　3分間スピーチを聞いて良かったところ …………………………… *197*
3　3分間スピーチを聞いて直したら良いところ ……………………… *198*
4　3分間スピーチの成果 ………………………………………………… *200*

資料 1　学習指導要領　特別活動（小学校・中学校・高等学校）
資料 2　特別活動の変遷

索　引

第1章

「行ってきます」から「ただいま」まで

> 　特別活動とは一体どのような特徴をもっているのか，そして，特別活動がどのような役割を果たしているのかを具体的に理解してもらうために，ある小学生Aさん（4年生の女児）と，ある中学生A君（2年生）の二人に焦点を当てて，それぞれの学校生活の一日を追ってみることにした。

1　小学生　集団登校で学校へ行く

　Aさんの小学校では，創立以来，学校の決まりとして，それぞれの学区毎に集まり，集団で登校することにしている。子どもたちは，それぞれの家庭で両親に送り出され「行ってきます」のあいさつの後，学校の始まり時間である8時15分に間に合うように，7時50分に郵便ポストの前に集合するようにしている。子どもたちは点呼を取った後，集団で列を乱すことのないよう気を付けながら，登校するようにしている。Aさんの区域から通学する者は，彼女を含めて8人で，6年生の児童が人数を確認した後，先頭に立って，校門まで先導していく。その集団の後からは，下級生を見守る役割として，6年生もしくは5年生の上級生が付くことになっている。
　横断歩道に来たときは，上級生の者が横断中の旗を掲げ，下級生の全員が無事に渡り終えるまで見守ってくれる。
　8人が揃って校門に到着したとき，校門の前に立って出迎えてくれた校長先生や教頭先生，それに，PTAの方々に「おはようございます」とあいさつをし，下駄箱付近で上履きに履き替えたところで，上級生に別れを告げ，各自，自分の教室に入っていく。もし，8人のうち，欠席者や遅刻者が出た場合は，上級生は職員室に行き，そのことを報告しなければならない。かつてAさんは風邪をひいて熱が出たために欠席したときがあったが，母親が集合場所まで出向き上級生にそのことを言っただけで，学校の担任にはそのことがうまく伝わっていた。このシステムによる上級生のおかげである。
　欠席や遅刻をしない，あいさつを交わす，横断歩道の正しい渡り方を履行するなどは，児童会活動の一環としての「運動」として実施されているため，特別活動の問題として捉えることができる。最近，集団登校中，自動車がその列に突っ込み，多くの死傷者を出した事件が続発しているため，担当教員は，登校中，十分に気を付けるようにと言い聞かせている。

2　小学生の学校生活の一日

（1）朝の会

　たいていの小学校では，曜日を決めて，全校の児童を校庭に集合・整列させ，その月のあるいはその学期の重要な伝達事項を中心に，校長先生や係の先生からの話をする機会が設けられている。

　Aさんの小学校では，朝の会は月曜日の1時限目に決められていた。つい先日の朝の会では，校長先生が遠足の話をされた。1年生から6年生までの全員が一斉に行くこと，行く場所はそれぞれの学年によって違っていること，そして，最後には，怪我のないように無事帰ってくるようにとの内容であった。その話の後，先日行われた習字大会で賞を取った上級生が前に呼び出され，よく頑張ったということで表彰された。全員で拍手をし，その活躍を讃えた。その後，体育関係の先生が前に出て，遠足のときの細かい注意をされた。服装のこと，間食のこと，バスや電車の中では公衆道徳をしっかりと守ること，等であった。

　その後，全員，音楽の流れる中，各クラスの教室へと入っていった。みんなが席に着いたとき，少し話し声が聞こえ，ざわめいていたが，日直当番が出てきて，「静かにしてください」「これから次の国語までの15分間は朝の読者の時間です」「各自，もってきた本，学級文庫の本，そのほか，自由に読み始めてください」との指示が教室内に響き渡った。クラスの全員は自主的にそれに取りかかったため，静かになった。Aさんは学級文庫の絵本である『こころのえほん』を読み始めた。「人間の心はいったいどこにあるのだろう」「人間の心っていったいどのような作用をするのだろう」などを疑問に思いながら，ほとんど読み終えたとき，担任の先生が来られ，1時間目の授業である国語が始まった。「読書の時間」を通して，ある程度心を落ち着かせていたので，静かな雰囲気の中で授業を受けることができた。Aさんがその授業の内容をよく理解できたのは，集中できたためであると思っている。

　朝の読書の時間で読んだ本の内容を，月1回，簡単にまとめて報告するため，

Aさんは「読書ノート」にメモをした。内容としては，書いた人，本の題目，出版社名，発行日などであり，その後に，思ったことや感じたことなどであった。「心はどこにあるのだろう」について，Aさんは，「心」について大きな疑問をもったことを書いている。心は実際にどこにあるのだろう，あるとすれば，ここにあると指さすことができるのに，と。そして，心は人間の中でどのような役割を果たしているのであろうか，と。

（2）授業中心の時間割の中で

1週間の時間割の中で大半を占めているのは，当然，授業であるが，なかでも，「学級活動」として1コマが割かれているのに気付く。「小学校学習指導要領」（2008（平成20）年3月）によると，35時間（第1学年は24時間）確保すべきであると規定されているからである。唯一，特別活動として時間割の中に組み込まれている授業ということになる。

この学級活動では，いろいろなことが話し合われる。過去のこと，現在のこと，そして未来のことなどである。過去のことでは，先週の文化祭のとき，まじめに取り組んだ者やそうでない者のことが取り上げられ，そうでなかった者への反省を促した結果で終わった。現在のことでは，クラスの席替えのことが取り上げられた。席替えの期間を短くすべきであるとか，男女一緒に座りたくないとか，後の方を希望しているとか，前の方を希望しているとかなどが主な意見であった。結局，担任の先生からの話にみんな納得し，先生に任せることに落ち着いたようだ。未来のことでは，なぜ，勉強しなければならないのかという難しい内容が取り上げられた。いま苦しいかもしれないが，内容を完全に自分のものにしたとき，うれしさや楽しさを味合うことができる，将来，進学して，専門家になるためには仕方ないのではないか，人間と動物を比較するとき，人間は大人になるために20年間かかるが，ある動物では2～3年であり，短いことが指摘され，吸収し学び続けていくように運命付けられている存在であること，などが主な意見であった。

特別な質問があるということで，ある友人は先生に直接たずねた。先生は昔，小学生の頃，勉強は好きであったのかそれとも嫌いであったのか，もし嫌いで

あったとしたら，どのようにして好きになったのか，なぜ，先生はいまも勉強し続けているのか，勉強して何か良いことがあるのか，などであった。担任の先生は答えた。先生という職業に就くためには，基礎・基本となる知識や技術が大切であること，その準備を早めにしないと教員採用試験に合格することはできないこと，そして，君たちにも，是非，勉強好きになってもらうために，いまでも教育学や心理学の勉強をし続けていること，人間の外側を着飾ることも大切であるが，人間の内側を充実させることによって，人間を徐々に向上させることがいかに重要であるか，そして，そのためにいかに時間がかかるかということ，を。

（3）昼の時間　掃除の時間

　4時限目が済んだら，うれしい給食の時間である。あらかじめ渡されている給食の献立表に従えば，今日は好物のカレーライスである。給食当番の者8人は，給食室へご飯とカレーの入った容器，それに牛乳を取りに行く。いずれも重いので，2人で持ち合い，途中で交代することにした。無事教室に着いた後，給食当番の者は給仕することになっている。彼らは，石けんで手をきれいに洗い，髪が落ちないように頭に三角巾を巻き，口にはマスクをした。クラス全員に配り終えた後，担任の先生も含めて，日直による「合掌」「いただきます」の号令の後，よく噛んで食べた。

　食べている途中，Aさんは思い出した。かつて，担任の先生が，噛む回数はおおよそ25回～30回ぐらいが良いということを。その理由は，良く噛むことで，その味がしっかりわかること，咀嚼(そしゃく)活動が骨や筋肉を動かすため，脳の活性化につながること，咀嚼することで，唾液と食べ物とが十分に絡まり，胃や腸での吸収率が上がること，などであった。Aさんは，今日はカレーライスであったため，噛んだ回数が日頃より少なかったのではないかと感じられたため，これから気を付けようと思った。

　給食の後，掃除がある。このクラスの掃除場所は，クラス内，クラスの前の廊下，トイレ，校庭の一部，渡り廊下と決められていた。児童会で学年別を単位として，そのように決められたということのようだ。全校児童全員がそれぞ

れの分担箇所を一斉に掃除するようになっている。とりわけ，クラスの掃除場所は，輪番制で，2週間を単位として，順にそれぞれの場所を代わることになっている。不公平が生じないようにする配慮からである。それぞれの分担箇所の班長は，掃除が済んだ後，反省会を開くことになっている。きれいになったかどうか，まじめに取り組んだかどうかなどについて。班長は，その後，掃除の善し悪しを確認してもらうため，担任の先生に連絡し，点検してもらうようにしている。

（4）終わりの会（帰りの会）

　その日の最後の授業が終わった後，待っているのは，終わりの会（帰りの会）である。おおよそ，15分ぐらいである。しかし，場合によっては，少し伸びて，20分になることや30分になることもある。そのときは，たいてい大きな催しを控えているときである。この時間では，その日の反省，各係からの連絡事項，先生からの話が主な内容であった。

　その日の反省では，授業中における私語のこと，授業と授業の間の，休憩時間や大休憩時間のときに口げんかをしたこと，友だちをあだなで呼んだこと，おもしろがってからかったこと，などの意見が出た。話し合いを通して，これからけんかをしないように心がけること，あだなで呼ばれた場合，心に大きな傷となって残るため，呼ばないようにすることが決議され，からかったことは冗談であり，決して本気ではなかったことが確認された。

　各係からの連絡事項の時間になった。美化係の者は，押しピンが取れている絵や習字が多くなったので，近々返却することを伝えた。その中の一人は，庭に咲いている花をもってきて花瓶に生けることを申し出ていた。そのとき，クラスの者から自然に拍手が起こった。掃除当番からは，掃除のとき，隅々をきれいにして欲しいこと，箒（ほうき）をもって立つだけではなく，箒を動かすことが大切であることが告げられた。担任からは，明日，保健日であるため，爪は短く切ってくること，朝食はきちんと食べてくること，そして，歯磨きをしっかりしてくることなどが言い渡された。

（5）学校での授業を終えて

　Aさんは終わりの会（帰りの会）の後，クラブ活動に入っているため，終わる時間を多少気にしていた。今日は20分で無事終えたため，急いでその教室に行った。すでに上級生は来ており，物語に即して指人形を操っていた。彼女が来たため，全員が揃ったところで，6年生のクラブ会員から指示があった。今日の練習は，物語の内容に合わせて指の動かし方をマスターしようということであった。早速，持ってきた指人形を鞄から取り出し，指を突っ込み，動かしてみた。上級生からの優しい指導のもとに，1時間ぐらいでマスターすることができた。

　クラブ活動をうまく維持していくためには，全員が揃うことが重要である。その点，終わりの会（帰りの会）が延びたとき，いろいろな支障が出てきてしまう。リーダーである上級生は，口には出して言わないが，心の中では終わりの会の位置付け，その意義などについて，しっかりした意見をもっていると思われる。この点，再考しなければならない。

　小学校でのクラブ活動は，4年生から行っている。いわゆる同好会であるため，その能力の向上・発展の面で問題がなくはない。また，時間の確保が曖昧になっているため，つまり，「適切な時間を充てる」となっているため，あまり盛況ではないことに関して問題がなくはない。

　しかし，先生方の協力により，小学校では細々ながら，数多くの種目のもとに，継続している。顧問として指導する立場の先生方も，ある程度の力を付けていなければ，子どもたちの能力の向上・発展を期待することはできない。子どもたちにとっては，その分野で力を付けている顧問が理想である。

　クラブ活動の場合，現在，大きな岐路に立たされている。なぜなら，1998（平成10）年から，クラブ活動が小学校でのみ行われ，中学校，高等学校では全面的に廃止されたからである。中・高等学校では，いままでのクラブ活動が部活動に吸収され，部活動としてスタートしているのである。従来のクラブ活動という名称は残っているものの，内容はまったく違い，ややプロ的な指導により，全国大会に出場するだけの力を付ける集団と化している。これでは，いままでの楽しさを味わうためには，相当の苦痛と困難を積み重ねて行かなければ

ばならないであろう。中学校や高等学校にもう一度，楽しさと活力を回復させるためには，時計の針を逆に回さなければならないであろう。

　小学生4年生のA子さんは夕方の5時ごろ，家に着いた。「ただいま」。「お帰りなさい」。A子さんの顔には，今日一日，クラブ活動の充実した時間を含めて，非常に有意義に過ごすことができたため，自然に笑みが浮かんでいた。

　以上，小学4年生のAさんの1日に焦点を合わせ，「行ってきます」から「ただいま」までを順序よく披露してみた。学校の中で，特別活動がどんな役割を果たしているか理解されたはずである。無意識のうちに，いろいろな場面場面で，たとえ短い時間であっても，特別活動が子どもたちの心の中へしっかりと浸透していることが理解されたことであろう。それが毎日，継続して機能しているだけに，無視することは決してできないのである。

3　中学生　校門で生徒指導を受ける

　A君の中学校では，遅刻する生徒が多いせいか，生徒会が中心となって「遅刻撲滅運動」を始めた。8時20分までに登校するようになっているが，時間ぎりぎりになって，校門に殺到することがつねであったためである。

　さらに，「遅刻撲滅運動」とともに，生徒会中心となって行っている運動がある。「あいさつ運動」である。生徒たちが寡黙で門をくぐり抜けていく姿やうつむきかげんに門をくぐり抜けている姿がつねであったためである。

　生徒会の会長は校門の前で，登校する生徒たちに一斉に，「おはようございます」と大きな声であいさつをしていた。生徒たちからは，「おはようございます」と大きな声で返ってくるときもあるが，ボソボソと恥ずかしそうに小さな声で，「おはようございます」と返ってくるときもあった。そして，その後，登校時刻を過ぎた時点で，遅刻者が逐一チェックされた。生徒会会長による遅刻者の学年，学級，氏名の記名である。記入されたノートは，後に，生徒指導部の先生に手渡される。その氏名は，その後，担任に連絡されることになっている。なぜなら，担任は，学級会のとき，「遅刻しないように」と注意をしや

すいためであり，「なぜ遅刻をしたのか」などの理由を明らかにしやすいためである。遅刻が常習になれば，学力向上に支障をきたすことは言うに及ばず，ほかの生徒に大きな迷惑をかけることになるため，保護者に連絡するシステムになっていた。

遅刻とかあいさつとかは個人的な問題であることには間違いない。しかし，このことが学校全体の生徒会活動の一環として「○○運動」もしくは「○○計画」として実施されると，この時点で，「運動」「計画」は特別活動の問題となるのである。

4　中学生の学校生活の一日

（1）アセンブリー

A君の中学校では，毎月，第一月曜日の1限目には「アセンブリー」と言って，全校の教師と生徒が集まって，過去の1ヵ月の反省とこれからの1ヵ月の目標が披露される式が行われる。

このセレモニーは，生徒指導部の教員による司会によって始まる。まず，校長先生の話が行われた。今週の話は，禅宗における問答で重要になる「啐啄の機」についてであった。啐とは，卵の中のひなが鳴くことを意味し，啄とは，親鳥がそれに呼応して殻をつつく音を意味する。校長先生によれば，禅宗では，修業者の求法の心境が熱するのを見てとって，師僧が悟りの契機を示すことを旨としているのである。この話から，この両者のタイミングの良さが授業における「わかる」につながることが理解された。過去を振り返るとき，次回の授業内容について予習をしてきたとき，先生の一通りの説明によって，内容が一段とよくわかるようになるのはそのためであることが理解された。

次に，生徒会長から，3年生によるボランティア活動として，老人ホームを訪問することの説明が行われた。菜園に咲いている花を持っていくことが紹介された。次に，生徒会に属する各委員会からの報告があった。弓道部が活躍したことや陸上部の選手が県大会の100メートル競走で3位になったことなどであった。

その後，生徒指導部の教員による指示によって，各クラスはそれぞれの教室に入った。朝の会を開くためである。間もなくして，担任の先生が来られた。少し騒がしい雰囲気であったため，その日の日直の仕事について，担任は「しっかりその役割を果たしなさい。先生が来るまで，みんなを静かに待たせるようにしなさい」，と諭された。朝の会は，伝達事項を中心にして，無事終えることができた。

　しかし，朝の会において，伝達事項があまりないとき，次の時間まで数分間余ってしまう。担任教師はすでに教室から職員室に帰っているため，その数分間はあたかも蜂の巣をつついたように，騒々しくなる。生徒にとっては，次の授業時間までは，まさしく「有意義な時間」となるようにしなければならない。

　3学期から，上記の意義のない時間ではもったいないとの考え方から，「朝の読書会」（アサドク）が学校全体で取り組む方針が打ち出された。この決定によって，本の内容を深く理解することができるようになったことはもとより，次の授業開始まで，心を落ち着かせることができるようになった。これを契機にして，遅刻者も少なくなったようである。

（2）授　　業

　A君の学校生活では，9教科目による授業が大半を占めている。しかし，水曜日のみ，週に1時間，4時間目に，学級活動の一環としての学級会が設けられている。これは，特別活動の唯一の時間と言っても過言ではない。なぜなら，その他の特別活動の場合，時間割の中には正式には設定されていないからである。行事，とりわけ，運動会や文化祭，入学式や卒業式などは，その典型的な例である。

　今回の学級会で話し合われたことは，掃除当番のことと席替えのこと，そして，昼休みのお茶のことであった。司会は日直が行い，書記は日直が指名した者2名が行った。学級会で話し合われたことは，後日，書記が中心となってプリントにまとめられ，クラス全員に配布された。決議したことを全員で確認するためである。

　掃除当番のことでは，輪番での交代を1週間にするのかそれとも1ヵ月にす

るのかが話し合われた。掃除をさぼる人はいつもさぼること，そのため，真面目にやっている人の負担が大きくなることが主な理由であった。全体のメンバーの交代は，あらかじめ1学期であると決められていたため，今回の学級会では話題としては挙がらなかった。「掃除をさぼる人は誰ですか？」という鋭い質問もあったが，本人が指名されることなく，大声で「今度からまじめにやります」と言ったため，この件に関しては大きな問題にはならなかった。結局，多数決で，輪番での実施は1ヵ月にすることになった。

席替えについては，前の方に座っている人々からの要望でもあり，さらには，後の方に座っている人々からの要望でもあった。1学期における席次は，名前と顔を一致させて早く覚えるために，50音に従って，前から順に，機械的に決められていたからである。座高の高い人が一番前に座り，視力の弱い人が一番後に座っていたからである。1ヵ月毎に席替えをすること，そして，それぞれの列毎に背丈の低い人から高い人の順に座ることになった。黒板の字がよく見えない人は変わってほしい人とよく話し合うことが決議された。

昼休みのお茶については，お茶係の当番を決めること，当番の者はお茶を取りに行き，弁当終了後，返しに行くことが決められた。当番の役割を行う者は，新たに係を設けるのではなく，日直が行うこととなった。なぜなら，係を設けると，四六時中，その役割をこなしていく負担が多くなるからである。日直が持ってきたお茶は，それが入ったやかんを次々に回すことによって，注がれていった。日直の者が生徒各自のそれぞれの器に注ぎ込んで廻ることなく。

次回の学級会では，「勉強」について話し合うとのことであった。担任の先生は次のような質問をされた。「人間はなぜ勉強するのでしょうか？」，「人間にとって勉強することとはどのような意味をもっているのか考えてみましょう」，と。

A君は勉強することを苦手としている。学んでいく過程の中で新しいことを知ることは好きであるにもかかわらず，成績表が芳しくないためである。塾などにも通い，半強制的にさせられている感じが強いのかもしれない。

A君は勉強をすることについて，老人大学に通っているおじいちゃんに聞いてみた。「おじいちゃん，勉強すること，楽しい？」，と。返ってきた返事を聞

いて驚いた。「勉強することは，楽しいよ。毎日が生き甲斐につながっているからね」。「忘れないようにするために，学ぶことそれ自体が楽しいよ」。

　A君は自分の勉強について振り返ってみた。我慢しながら勉強している，将来のことを先取りする形で勉強している，これからの資格や免許の取得を考えて勉強している，父や母のために勉強している，と。おじいちゃんの勉強とはどこがどのように違っているのであろうか。A君は勉強することそのものに自分が埋没していないことに気付いた。A君は勉強することの外にいる自分自身に気付いた。A君は，次回の学級会では，その気付いたことを中心に発表しようと心に決めたのである。

（3）昼食と掃除

　中学校になったA君は，昼食のとき，小学校のそのときと比べて，相当違っていることを感じ取っていた。なぜなら，給食がないからである。持参した弁当を食べるからである。授業から解放された生徒は，昼食のとき，担任のいない教室で，解放された雰囲気の中で，それぞれ思い思いの形で，話に花を咲かせながら，弁当を食べていた。教室の雰囲気は，スピーカーから流れているBGMの音楽によって，和らげられていた。先日の学級会で決められた日直の者によるお茶によって，弁当の味を一層美味しくした。

　昼食後，日課として待っていたのは，掃除当番である。A君は家ではあまり掃除をしたことがないため，箒を持って掃くこと，ぞうきんを絞りぞうきんがけをすること，机など運ぶ力仕事をすること，トイレ掃除をすること等々，苦手であった。その苦手意識は，A君をして，掃除をさぼらせることにしまった。

　A君を含めて，おおよそ10人ぐらいの生徒は担任から指導を受けた。箒の持ち方，箒の使い方，ぞうきんの絞り方，ぞうきんの使い方，椅子を机の上に逆さにして置く方法，それらの運び方，トイレ掃除のコツ，等々である。生徒たちは慣れるまで2週間を要した。その後は慣れて，現在では，A君はリーダーとしてその力量を十分に発揮している。

　現代の子どもたちは，家庭では掃除とは縁のない生活をしている。また，現在の家庭での掃除は，学校の掃除と比較して，相当進歩している。それらの温

度差は，当然，学校の掃除から子どもたちを遠ざけてしまう。担任の教師はこの点をしっかりと把握して，温度差を縮めるように，また，格段の落差が作られないように，少しばかりの努力をしなければならないであろう。

（4）終わりの会（帰りの会）

　終わりの会（帰りの会）とは，その日の最後の授業が終わると，開かれる会のことである。この会は，主に，その日の反省会として位置付けられる。その日の最初の1コマ目の授業から最後のコマの授業までを振り返り，それぞれの授業に対して真剣でしかも真面目に取り組んだかどうか，友達に対して取った言動が正しかったかどうか，掃除に対して熱心に取り組んだかどうか，さらには，生かされていることに対して感謝の気持ちを忘れなかったかどうか，等の反省が中心となる。

　それ以外に，この会では，各係からの伝達事項，先生からのお話などがある。部活動に入っている生徒は，この終わりの会（帰りの会）の後にほかの生徒と合流するため，時間延長には相当敏感になっている。その点，帰宅組は神経質にはならない。

　現在，この終わりの会（帰りの会）について，見直しの気運が高まっている。なぜなら，単なる伝達の場になっているからである。もし各係からの伝達などあれば，わざわざ会を開かなくても，事前にその内容を印刷したプリント1枚を配布すれば，事足りるからである。上記の「反省」と「伝達」とのせめぎ合いのもとに，この終わりの会（帰りの会）の本質を明確にすることが重要な課題であるように思われる。

（5）部　活　動

　A君はサッカーが好きで入部しているため，練習が嫌だと思ったことはない。早朝練習にしても，居残り練習にしても，愚痴を言ったことや弱音を吐いたことは一度もない。ただし，人間関係において，多少，面白くなかったことは経験してきている。

　彼はサッカーでは，ミッド・フィールダーをやっている。攻撃と防御の両方

ができなければならない。期待が大きいだけに，やり甲斐は十分に感じられる。得点にアシストすることができたときの嬉しさは，一入(ひとしお)である。チームメイト同志のつながりの大切さが実感されるときである。

　Ａ君が２年生になったとき，後輩Ｂ君が入部してきた。彼は実力的には相当勝れている。それを意識してかどうかはわからないが，Ｂ君は先輩であるＡ君はもとより先輩たち全員に対して，心からのあいさつをしない。そのＢ君の影響を受けて，新１年生のサッカー部員は，後輩である２年生に対して，あいさつをすることを苦手としていた。サッカー部の顧問の先生は，その時を捉え，檄(げき)を飛ばした。「運動部は礼に始まり，礼に終わる。後輩は先輩に対して，あいさつをしっかりしろ，わかったか！」，と。そのときを境として，後輩の態度は一変した。先輩に対して，さらには，指導の顧問の先生に対して，大きな声で，「おはようございます」「ありがとうございました」「失礼します」が交わされるようになった。この大きな声が，サッカー部全体を一つにする大きなきっかけとなったことは偽らざる事実である。

　しかし，Ａ君にはさらに不安があった。実力を付けている１年生の後輩がレギュラーに抜擢されるのではないかということである。勝敗にこだわる部活では，競争の原理，弱肉強食の原理が支配するため，ぼやぼやできないし，安閑としてはおられない。Ａ君に残されていることは，練習を積み重ねることによってそのポストを獲得・死守する以外にはない。練習あるのみである。今日も，彼は全体練習が終えた後，一人で黙々とランニングやリフティングの練習に汗を流していた。今日も，彼の帰宅はあたりが薄暗くなってからであった。

　以上，中学校の特別活動に関して，中学２年生Ａ君を中心に順を追って紹介してきた。それぞれの時間は短いが，それが積もり積もると多くの時間となる。看過できない事実である。特別活動の特徴としての生きる力と教育基本法における生きる力の関連が明らかにされなければならない理由がここにある。

　ところで，現行の学習指導要領では，特別活動に関して，曖昧な点が少なくない。それは，特別活動に割かれている時間である。35時間は設定されているものの，学校行事である運動会や文化発表会などの時間については，きっちり

と規定されてはいないのである。その時間を確保することは，各学校に任されているに過ぎない。そうすると，各教科の時間に取って代わられることが往々にして起きてくることが予想される。現に，ある学校では，学校行事を縮小する傾向にあると言う。かつての楽しさや良き思い出は，もう二度と体験することはできないのであろうか。

いまの教育の諸問題の解決の仕方を求めていくとき，先に挙げた楽しさやよき思い出を作ることに直結しているため，特別活動の本質，その理念，その目的，その内容を明らかにすることが焦眉の急であるように思われる。

参考文献

相原次男・新富康央編（2001）『個性をひらく特別活動』ミネルヴァ書房。
片岡徳雄（1990）『特別活動編』（教職科学講座14）福村出版。
高旗正人・倉田侃司編（2004）『新しい特別活動指導論』ミネルヴァ書房。
なかえよしを・上野紀子（2002）『こころのえほん』ポプラ社。
宮川八岐（1999）『新小学校教育課程講座（特別活動）』ぎょうせい。
山﨑英則（2008）『新・特別活動の指導原理』神戸親和女子大学出版部。

（山﨑英則）

第 2 章

特別活動の目的

　第1章でみたように,教育活動に学級活動や学校行事などの特別活動がなかったらどんな学校生活が想像できるであろうか。

　教育は,「頭,胸,手の力の調和的発達」という言葉でペスタロッチ（Pestalozzi, J. H., 1746～1827）が表現したように,知識の単なる習得にとどまらず,それらを労働や社会生活の場で実践的に活かしていくことのできる人間を育成することにある。

　21世紀は心の時代と言われて久しい。「より速く,より多く,より安く」をモットーに「豊かさ」を求めて発展してきた社会的価値観を,学校教育の中でもあらためて見直す時期に来ているのではないだろうか。

　学校教育の特徴は集団を通しての学びにあり,集団を通しての教育にこそ,求められる「心が豊かな人間」が育つのである。グローバル化社会の中で,日本人をどのように教育するかについて,戦後初めて改訂された教育基本法から見てみよう。

1 教育基本法に見る教育の目的・目標

　教育基本法の前文には,「我々日本国民は,たゆまぬ努力によって築いてきた民主的で文化的な国家をさらに発展させるとともに,世界の平和と人類の福祉に貢献することを願うものである」,と述べられている。第1条（教育の目的）には,「教育は人格の完成を目指し,平和で民主的な国家及び社会の形成者として必要な資質を備えた心身ともに健康な国民の育成を期して行われなければならない」,と示されている。教育の目的は「人格の完成」,さらに具体的に述べれば,「自主的精神に充ちた心身ともに健康な国民の育成」にある。

　第2条（教育の目標）では,「幅広い知識と教養を身につけ,真理を求める態度を養い,豊かな情操と道徳心を培うとともに,健やかな身体を養うこと」「自主及び自律の精神を養うとともに,職業及び生活との関連を重ずる態度を養う」「男女平等,公共の精神」「生命や自然を尊重する態度,環境の保全」「伝統や文化の尊重,我が国と郷土を愛するとともに,他国を尊重し国際社会の平和と発展に寄与する態度」等が規定されている。

　教育の目的は,ただ単に知識を網羅的に習得しただけの人間でなく,それらを全人格的に統合して,自律的に活用して生きていける力を備えた人間の育成にあることを示している。また知識の習得だけではなく,得た知識を活用し,実践し,探求してこそ「生きる力」を生み出す源となる。そこにこそ教育の究極の目的があり,特別活動の目的もそこにある。いまこそが,まさに知・徳・体のバランスがとれた教育の実現が望まれている時代なのではないだろうか。

2 教育課程の内容

　教育の目的を具体化するために,教育の目標が定められ,これらの内容をさらに具体化し実践するために,学習指導要領が提示され,各学校での教育課程が編成されて,日々の教育活動の取り組みが行われている。教育課程の内容としては,小学校では各教科,道徳,外国語活動,総合的な学習の時間及び特別

活動が挙げられている。
　また，中学校では各教科，道徳，総合的な学習の時間および特別活動が，高等学校では各教科，総合的な学習の時間および特別活動が挙げられている。
　上記のように，特別活動は校務に関係なく教育課程の内容に位置付けられているのである。
　特別活動の目標を，中学校を例にとれば，「望ましい集団活動を通して，心身の調和のとれた発達と個性の伸長を図り，集団や社会の一員としてよりよい生活や人間関係を築こうとする自主的，実践的な態度を育てるとともに，人間としての生き方についての自覚を深め，自己を生かす能力を養う」，と述べられている。
　箇条書きにすると，① 望ましい集団活動，② 心身の調和的発達，③ 個性の伸張，④ 集団や社会の一員としての自覚，⑤ 自主的，実践的態度の育成，⑥ 人間としての生き方の深化，⑦ 自己を生かす能力，となる。
　これらは人間形成に関わる教育活動，端的に述べれば，「集団をとおして，なすことによって学ぶ」，学校生活の中に人間としての「ぬくもりとつながり」を求めた教育実践活動，その活動それ自体が特別活動の目的であると言えるのである。

3　改善の基本方針と改善の要点

　特別活動は，児童・生徒各人がさまざまな集団に所属しながら，そこでの集団活動を通して，自らの個性の伸張を図ったり，実際の社会生活に必要な社会性を身に付けたりするなど，生徒一人ひとりの人間形成を図る活動である。実際の学校場面での体験を通して，教師と児童・生徒および児童・生徒相互の直接的な触れ合いを深めて，学級や学校などの所属集団での生活が豊かに充実したものにすることに意義がある。
　しかしながら，学校現場では，これまで特別活動を軽視する傾向があったことは免れない。言わば，「教科の学習」と「教科以外の学習」という分け方がいまだに現場ではあり，教科の学習は熱心に取り組まれているが，教科以外の

学習にはそれほど重きを置いていない傾向が見られる。その証拠に，研究授業でも特別活動（学級活動・ホームルーム活動）を取り上げている学校はきわめて少ない。さらに「特別活動」の全体計画を毎年新しく作成していない学校も多く見受けられる。

これまで特別活動について，重要性は言われてきたものの，その教育効果については，曖昧さが指摘されている。

そんな現状を省みて，中央教育審議会では，特別活動の改善の基本方針を次のように答申（平成20年1月）している。

(1) 改善の基本方針

○ 特別活動については，その課題を踏まえ，特別活動と道徳，総合的な学習の時間のそれぞれの役割を明確にし，望ましい集団活動や体験的な活動を通して，豊かな学校生活を築くとともに，公共の精神を養い，社会性の育成を図るという特別活動の特質を踏まえ，特によりよい人間関係を築く力，社会の参画する態度や自治的能力の育成を重視する。また，道徳的実践の指導の充実を図る観点から，目標や内容を見直す。
○ 特別活動の各内容のねらいと意義を明確にするため，各内容に係る活動を通して育てたい態度や能力を，特別活動の全体目標を受けて各内容の目標として示す。
○ 子どもの自主性，自発的な活動を一層重視するとともに，子どもの実態に適切に対応するため，発達や学年の段階に即した内容を示すなどして，重点的な指導ができるようにする。その際，道徳や総合的な学習の時間などとの有機的な関連を図ったり，指導方法や教材を工夫したりすることが必要である。
○ 自分に自信がもてず，人間関係に不安を感じていたり，好ましい人間関係を築けず社会性の育成が不十分であったりする状況が見られたりすることから，それらにかかわる力を実践を通して高めるための体験活動や生活を改善する話合い活動，多様な異年齢の子どもたちからなる集団による活動を一層重視する。
　特に体験活動については，体験を通して感じたり，気付いたりしたことを振り返り，言葉でまとめたり，発表し合ったりする活動を重視する。

(2) 改訂の要点

特別活動の課題を踏まえ，中央教育審議会答申をより具体化する観点から，

特別活動に求められている要点を述べると，以下の5項目に集約されよう。

① よりよい人間関係を築く力の育成

　学校現場では社会状況の変化から，人間関係が希薄になり，好ましい人間関係を築けない児童・生徒の問題行動が多く見られる。対人関係の在り方の未熟さが，いじめ，不登校，暴力行為などの一因になっていることは否めない。いわゆる小1プロブレムや中1ギャップといった，集団への適応に関する課題も見られ，望ましい集団活動を通した社会性の育成が課題である。

　携帯電話やパソコンのインターネットを介した間接的な人間関係が残忍な事件や犯罪の原因となることもある。さらに，希薄な人間関係の中で大人になった親が子どもとの関わり方を誤り，幼いわが子への虐待や殺害に及ぶ事件も頻繁に起こっていることも事実である。これらの問題を解消し，より良い人間関係を築く力を育成するには，学校における，生徒の望ましい集団生活や体験的な活動を一層充実することが重要である。人間は人間と関わり，出会うことを通して人間の心に触れることによって育っていくものである。これからの学校には，児童・生徒たちに意図的・計画的に人間との関わる体験活動を取り入れるなどして，望ましい人間関係を通して行う実践活動が求められている。

② 社会性の育成

　現在の児童・生徒の問題行動に見られるように，引きこもり，不登校，いじめ等は自分に自信がもてず，人間関係に不安を感じ，好ましい人間関係を築けず，社会性の育成が不十分であることに起因する。それらに関わる力を，実践を通して高めるための体験活動や生活を改善する話合い活動，多様な異年齢の子どもたちからなる集団による活動を一層重視する必要がある。特に体験活動については，体験を通して感じたり気付いたりしたことを振り返り，言葉でまとめたり，発表し合ったりする体験から経験への活動が求められている。

　学校教育で想定されている「社会性」とは，集団の場で自分の役割や責任を果たす，互いの特性を認め合う，他者と協力をして諸問題を話し合う，その解決に向けて思考・判断するなどの能力や態度であり，さらにはそれらが自らの

個性に統合され個人の資質として昇華されたものと考えられる。
　このような「社会性」は概(おおむ)ね，以下の内容にまとめられる。
　　・基本的な生活習慣　・豊かな人間性　・集団活動の体験
　　・規範意識の獲得　　・社会生活の体験

③ 体験活動の充実

　現代社会においては間接体験や疑似体験が増加してくる傾向がある。その中で，「直接体験」から学ぶことの意義は大きい。今次の改訂でも「体験活動を充実させる」内容になっている。その充実の内容は大きく２つに集約される。一つは「体験活動そのもののより一層の充実」であり，もう一つは「体験のあとの事後指導」の充実である。

　「なすことによって学ぶ」という特別活動の特質から，特別活動には体験活動の充実が期待されている。なかでも，自然体験や社会体験の充実が期待されている。

　小学校での活動場面としては，「自然の中での集団宿泊活動」が挙げられ，中学校では「職場での体験を通して社会の在り方を垣間見ることにより勤労観・職業観を育む職場体験活動」が挙げられ，高等学校では「奉仕体験活動や就業体験活動」が挙げられる。

　中央教育審議会答申では，「体験活動をその場限りの活動で終わらせることなく，（中略）事後に感じたり気づいたことを自己と対話しながら振り返り，文章でまとめたり，伝えあったりすることなどにより他者と体験を共有し，広い認識につなげる必要がある」，と記載している。自己認識を深めつつ，生徒相互の分かち合い（シエアリング）を通して，体験したことをさらに深化・充実させ，単に体験ではなく経験にまで高めることが求められている。

④ 望ましい勤労観・職業観の育成

　現在が過去になり，未来が現在になる時間の中で，将来を見据えて生きることは，児童・生徒の生き甲斐につながる大切な営みである。生活環境などの変化による生徒たちの発達の変化，産業，経済の構造的変化や雇用・労働の多様

化・流動化などの状況のもと，生徒たちの自己の進路を主体的に切り拓き，将来，自立した個人として力強く生きていくためには，その基盤となる意欲や態度およびこれらを根本で支える勤労観・職業観を育む活動がきわめて重要となる。とりわけニート青年の増加は深刻な社会問題となっている。

勤労観の育成・基盤は，学級や学校生活などの日常生活の中での自己の役割を理解し，その役割を遂行しようとする態度，役割を果たす意味や意義，役割の内容についての考え方や価値観を育んでいくことに求められる。

さらに職業観の形成は，勤労観の形成と関わりながら職業に対する理解や考え方，職業に就こうとする態度，職業を通して果たす自分の役割やその意味，内容についての考え方，価値観を育んでいく。

幼稚園と小学校間，小学校と中学校間，中学校と高等学校間，高等学校と大学間あるいは社会間，大学と社会間に段差（ギャップ）が見られ，この学校間の移動にともなう問題行動も多く見られることから，子どもの健全な成長を促す学校間の連携・接続をどのように図るかを含めて，小学校高学年からのキャリア教育が求められている。

⑤ 異年齢集団による交流

核家族化や少子化などの問題は，人間関係を築くうえで，異年齢の人間関係あるいは世代間の交流などの実生活において大きな課題となっている。社会生活では異年齢の人間関係で成り立っている。この点で特別活動は，多くの活動場面で異年齢による活動が多く，社会生活の準備教育として大きな期待が寄せられている。リーダーシップ，優しさを育む格好の教育機会と言える。そのようなことから，2008年の改訂は，「よりよい人間関係を築く力」や「社会に参画する態度や自治的能力の育成」を重視するために，児童会活動（生徒会活動）の内容に異年齢集団による交流という項目が新しく加えられている。

（3）特別活動の目標と内容

確かに，これまでは，特別活動を構成する各内容のめざすところ，すなわち，目標が明確になっていなかっこともあり，次のような指摘もあった。特別活動

について，全体の目標は示しているが，各内容ごとの目標は示していない。このため，活動を通して何を育てるかが明確でないことや，総合的な学習の時間などとの教育活動の重なりも指摘されていた。それを踏まえて，2008年の改訂では新しく目標が示されている。

① 特別活動の目標

　高等学校学習指導要領では，特別活動の目標を以下のように述べている。

> 　望ましい集団活動を通して，心身の調和のとれた発達と個性の伸長を図り，集団の一員としてよりよい生活や<u>人間関係</u>を築こうとする自主的，実践的な態度を育てるとともに，人間としての在り方生き方についての自覚を深め，自己を生かす能力を養う。

　前段では，個人としてまた，集団や社会の成員としての資質を身に付ける自主的，実践的な態度を育てるという目標を示している。さらに，後段では，人間としての在り方生きについての自覚を深めるとともに，現在および将来にわたって自己実現を図る能力，すなわち，自己を生かす能力を養うという目標を掲げている。

　小・中学校においても，これらの目標は発達段階に応じて若干の違いはあっても，趣旨はほぼ同じである。

　小・中学校の特別活動の目標は，学習指導要領第4章の特別活動において，次のように述べられている。

> 小学校：望ましい集団活動を通して，心身の調和のとれた発達と個性の伸長を図り，社会の一員としてよりよい生活や<u>人間関係</u>を築こうとする自主的，実践的な態度を育てるとともに，<u>自己の生き方についての考えを深め，自己を生かす能力を養う</u>。
> 中学校：望ましい集団活動を通して，心身の調和のとれた発達と個性の伸長を図り，集団や社会の一員としてよりよい生活や<u>人間関係</u>を築こうとする自主的，実践な態度を育てるとともに，<u>人間としての生き方についての自覚を深め</u>，自己を生かす能力を養う。

　下線に示したように，今回の改訂で新たに「よりよい人間関係」を目標に明示したことは，子どもたちの人間関係の希薄化やそのことによる人間関係を築

く力，集団活動を通した社会性の育成の不十分さなどがその根底にあることは否めない。そこで，今回の改訂では特別活動の各内容ごとにも目標が明示された。

② 特別活動の内容と特質

> 〔学級活動，ホームルーム活動（高等学校）〕の目標
> 　学級活動（ホームルーム活動）を通して，望ましい人間関係を形成し，集団の一員として学級（ホームルーム）や学校におけるよりよい生活づくりに参画し，諸問題を解決しようとする自主的，実践的な態度や健全な生活態度を育てる。
> 〔児童会活動〕の目標
> 　児童会活動を通して，望ましい人間関係を形成し，集団の一員としてよりよい学校生活づくりに参画し，協力して諸問題を解決しようとする自主的，実践的な態度を育てる。
> 〔生徒会活動（中・高等学校）〕の目標
> 　生徒会活動を通して，望ましい人間関係を形成し，集団や社会の一員としてよりよい学校生活づくりに参画し，協力して諸問題を解決しようとする自主的，実践的な態度を育てる。
> 〔クラブ活動（小学校）〕の目標
> 　クラブ活動を通して，望ましい人間関係を形成し，個性の慎重を図り，集団の一員として協力してよりよいクラスづくりに参画しようとする自主的，実践的な態度を育てる。
> 〔学校行事（小・中・高等学校）〕の目標
> 　学校行事を通して，望ましい人間関係を形成し，集団への所属感や連帯感を深め，公共の精神を養い，協力してよりよい学校生活（や社会生活）を築こうとする自主的，実践的な態度を育てる。（高等学校のみ）

（4）特別活動の特質と課題

① 特別活動の特質および教育的意義

　中央教育審議会答申（平成20年1月）は，特別活動の特質として「望ましい集団活動や体験的活動を通して，豊かな学校生活を築くとともに，公共の精神を養い，社会性の育成を図る」ことを挙げている。さらに内容ごとに以下の特

質が見られる。

> ・学級活動（ホームルーム活動）や児童会活動（生徒会活動）そのいずれの内容においても。「望ましい集団活動を通して」活動が展開されるところ。
> ・「体験的な活動を通して」活動が展開され、「なすことによって学ぶ」というのが、特別活動のもう一つの特質である。具体的な活動や生活の場面を通して、内容が展開されていく。
> ・学級や学校の生活を築き、生活をつくるという「自主的、実践的な態度を育てる」ところに、到達目標を置いていること。
> ・今日の子どもの生活の在り方、育ち方を踏まえて、「公共の精神と社会性の育成」が特に強調されている。

② 特別活動の課題

　特別活動をすすめるに当たり、特別活動の特質を理解し実践することが求められている。

　その内容を指導要領から具体的な課題を見てみよう。

【望ましい集団活動を行う】

　特別活動の目標が、望ましい集団活動*を通して望ましい集団活動を行いうる実践能力の育成がはじめて期待される実践性格のものであることがきわめて明確に述べられている。この「望ましい集団活動」を行うところに、方法的にも目的的にも、特別活動の固有の特徴と課題がある。

　　＊望ましい集団活動　児童の発達段階や特性、あるいは、それぞれの集団の編成時期などによって捉えられなくてはならないが、一般的には次のような条件をもつものと考えられている（小学校学習指導要領解説　特別活動編）。
　　ア　活動の目標を全員が共通の理解をもっていること
　　イ　活動の目標を達成するための方法や手段などを全員で考え、それを協力して実践すること。
　　ウ　一人ひとりが役割を分担し、その役割を全員が共通に理解していること
　　エ　一人ひとりの自発的要求が尊重され、互いの心理的な結びつきが強いこと
　　オ　成員相互の間に所属感や所属意識、連帯感や連帯意識があること

カ　集団の中で，自由な相互交渉が助長されるようになっていること。
　　集団の成員一人ひとりが，互いに人間として大切にしあいながら高めあう集団へと成長していくことが教育目標であり，このような集団の活動条件を備えた望ましい集団活動を行われるように教師による適切な指導が大切である。

【心身の調和のとれた発達】
　目標に示されている心身の調和のとれた発達とは，児童がさまざまな集団活動を取り組む過程で，心身の調和のとれた発達を図ることを示している。児童期や思春期は，知的な面でも，心理的な面でも，身体的な面でも，発育・発達が著しい時期である。自己中心性が減少して「ギャングエイジ」と呼ばれる固定した友人関係に発展し，さらに「チャムシップ」と言われる親密な友人関係や異性の友人関係にも発展する時期を経る。これらの過程で自己への認識が深まり，他からの評価も気になる。集団の一員としての自己も認識し，所属感や役割意識を自覚するようになる。多様な集団を編成し，集団活動に積極的に取り組ませることによって，生涯を通じて心身ともに健康な生活を送るための基礎を培うことが求められている。

【個性の発見と理解】
　ここでは，さまざまな集団活動を通して自他の個性を発見し，理解し，一人ひとりの良さや可能性を伸ばしていくことを示されている。個性の伸長は，特別活動においては，多様な集団活動が展開されることから，さまざまな集団活動に取り組む過程の中で行われる。児童・生徒自身は多くなった場や機会を活用して，自他の個性を発見し，理解するのである。したがって，指導に当たっては，さまざまな集団活動の場や機会を捉えて児童・生徒一人ひとりの個性を見出し，客観的に理解することに努めるとともに，人間的な触れ合いを深める中で，自他の個性を発見し，活動に生かすことができるようにすることが求められている。

【社会性の育成】
　「集団の一員としての自覚」と「協力してよりよい生活を築く」の部分は社会性の育成を示している。社会性は，集団活動において，児童・生徒一人ひと

りが自己の役割や責任を果たすことにより，確かなものとして身に付いていく。したがって，豊かな社会性を身に付けるためには，児童・生徒がお互いの特性を認め合う中で，与えられた役割を自覚し，責任をもって仕事を果たす必要があるのであり，そのような経験を積み重ねることが求められている。

【自主的，実践的な態度の育成】

　目標に示されている「自主的，実践的な態度を育てる」ことは，集団活動が，児童の自主的，実践的な活動であることを示している。つまり，諸問題の解決に向けて，児童・生徒が自主的，実践的に取り組もうとする態度を身に付けるためには，特別活動の各内容において望ましい集団活動が展開される必要がある。学級活動，児童会・生徒会活動等の特別活動の内容は，児童・生徒が自発的，自主的に取り組みやすい活動内容から構成されている。いずれの活動内容も児童・生徒の興味・関心，活動への欲求等の面で自発的，積極的に取り組むことができるものを多く含んでいる。その意味で，特別活動には，互いに触れ合い，認め合うとともに，自己を正しく生かす場や機会が多い。指導に当たっては，そのような自発的，積極的な取り組みを通して，児童・生徒一人ひとりに自主的，実践的な態度が身に付くように創意工夫することが求められている。

　教育課程編成の一般方針として，小学校学習指導要領は次のように述べている。

> 　学校の教育活動を進めるに当たっては，各学校において，児童に生きる力を育むことを目指し，創意工夫を生かし特色ある教育活動を展開する中で，自ら学び自ら考える力の育成を図るとともに，基礎的・基本的な内容の確実な定着を図り，個性を生かす教育の充実に努めなければならない。

　中学校，その他の各学校においても，「生きる力」「基礎基本の定着」「個性の充実」が課題として求められている。これらの課題を遂行していくには，まさに，「集団活動をとおして，なすことによって」学ぶ特別活動の充実が強く求められているのである。

参考文献

文部科学省（2008）『小学校学習指導要領解説　特別活動編（平成20年8月）』東洋館出版。

文部科学省（2008）『中学校学習指導要領解説　特別活動編（平成20年8月）』ぎょうせい。

文部科学省（2011）『高等学校学習指導要領（平成21年3月）』東山書房。

（荒堀浩文）

第3章

学級活動（小学校）の特色

　学級という集団生活の中で，子どもが自分らしさを発揮し，不安を解消し，自信を強め，成長していくためには学級担任の援助が欠かせない。学級生活にはさまざまな活動があり，その中のどこかに居場所を見つけることは，安心して人間関係を営み，教科等のさまざまな学習活動に集中して取り組むために必要なことである。

　担任はまず一人ひとりとの間に一対一の信頼関係を築く必要がある。安心感をもたせ，できるだけ本音でコミュニケーションが取れる関係を作り，ともに問題解決を図ろうとする人間関係をもつことが望ましい。こうした協同する経験を通して，子どもたちの間に信頼関係を築くことが可能となる。子どもたちは担任教師の良いところを真似して人間関係をつくっていくであろう。

　ここには潜在的カリキュラムが働いており，教師の教育観は言うに及ばず，価値観や人生観など人格性が子どもたちに多大な影響を及ぼす。学級活動は，学級経営と重なり，子どもたちと教師がともに作り上げる学級経営と学級活動の成果が，子どもたちの生きる力をはじめとした人間形成の成果を握っているのである。

1 「学習指導要領」の「目標」と「内容」をどう読むか

　ここでは,「学習指導要領」の「目標」と「内容」について, どのように解釈し,「学級活動」の実践と指導をどのように考えていけばよいのかについて, その基本を提示する。「学習指導要領の解説」と合わせて見ることにより, 理解を深めてほしい。

（1）学級活動の目標
　学習指導要領では, 学級活動の目標については, 次のように述べられている。

> 学級活動を通して, 望ましい人間関係を形成し, 集団の一員として学級や学校におけるよりよい生活づくりに参画し, 諸問題を解決しようとする自主的, 実践的な態度や健全な生活態度を育てる。

　まず,「望ましい人間関係」とは, どういう状態のことを言うのかを考えてみよう。たとえば, 信頼関係が生まれ, 励まし合い, 支え合い, 助け合う仲間集団に向かっていることが考えられる。いわゆる支持的風土のある集団のことを言う。逆は防衛的風土という支配と服従の関係である。後者はもちろん避けねばならない人間関係である。そもそも, その支持的風土はクラス編成の初めからあるものではなく, さまざまな活動を通して醸成されるものである。さらに言えば, そこには, "One-for-All. All-for-One."「一人はみんなのために。みんなは一つの目標のために」という人間関係がある。この境地も最終的にめざすものであり, その実現は簡単なものでないし, 終わりのない営みである。だから「望ましい」という表現が使われるとも言えるのである。

　望ましい人間関係の第一歩は, 集団への所属感である。準拠集団とも言われるものである。さまざまな生活経験をもった子どもが集まれば, 所属する集団にプラス志向の子どももいれば, マイナス志向の子どももいる。そうした子どもの内面や心境を早くつかみ, 望ましいクラス集団に向かっていくように, 一人ひとりとの距離の置き方や声のかけ方も工夫が必要とされる。人間としての

豊かな感性をもって配慮され，自己抑制のある関わり方が必要である。同時に，人間味を隠さずに出せるオープンな心も必要である。程よくコントロールされた喜怒哀楽を出せるのは大切だが，コントロールできない抑えられない感情に左右されるのは禁じ手である。なぜなら，子どもの信頼を損ない，ひいては繊細な子どもの心を傷つけてしまうからである。敏感さの欠いた教師によって不登校を招くこともあるからである。教師自身が，他者理解を怠らず，自己理解を深める必要がある。

次に，「生活づくりに参画する」ことは，意欲的で主体的な生活態度を育てるうえで欠かせないことである。この「集団の生活」は，一人ひとりの「個」の生活のうえに成り立つものである。形を追う教育は得てして「個」を生かすことなく，「集団」という空虚な得体の知れないものを追い，表面ばかりを取り繕ろうために，号令とともに一斉教化を図ろうとする。防衛的風土が強い中学校などによく見られる現象である。学級内の「係り」や「当番」の活動などを積極的に行い，「役割」だけでなく，「あいさつ」をはじめとして，雰囲気づくりや思いやりのある行動などによって学級生活をより良いものしていく子どもに育てることが必要となる。

次に，「諸問題を解決する」とは，集団生活には必ず問題が起こるという前提に立つことから考えなくてはならない。そもそも問題の起こらない集団はありえないからである。隠したり押さえ込んだりしていれば，問題を先送りするだけで，解決できる問題も雪だるま式に巨大になり，にっちもさっちもいかなくなるだけである。問題が起こることを成長の契機と捉え，集団のまとまりのチャンスとして歓迎すべきである。問題の芽に対しては早期のうちに教師と子どもが協同して解決を図ることを心がけたい。芽は「摘む」のではなく「育てる」のである。

次に，「自主的，実践的な態度」とは，しっかりした意志をもって積極的に行動することを言う。こうした行動は，本音で対立し，真に理解し合い，信頼関係の深い人間関係のある集団ならば，自然に出てくるものではないだろうか。担任が好意をもたれる態度をとっていれば，子どもも自主的になってくる。困っていたり助けを必要としている人がいれば，自然に行動が起こってくる。起

こらないとすれば，そこには何か目に見えない障壁があるはずである。担任に障壁が見えるとは限らない。自己を客観視できる教師であれば，きっと何かに気付くはずである。

　そして最後に，「健全な生活態度」とは，「人間らしい態度」のことを言う。何が人間らしいのか。簡単ではない。それは互いに考え合うことである。考えられることしか理解もできないはずである。人間は経験でしか理解できないからである。一人ひとり，健全さは違って良い。もちろん，常識の範囲内であるが。

（2）学級活動の内容

　学級活動の内容は，2学年ごとにまとめて述べられている。

　1・2年では，「学級を単位として，仲良く助け合い学級生活を楽しくするとともに，日常の生活や学習に進んで取り組もうとする態度の育成に資する活動を行うこと」，とされている。これは活動方針と考えてよいであろう。「仲良く助け合う」ことは前の目標のところで述べたので割愛する。「学級生活を楽しくする」こと，これは学級活動の最大の目標ではないだろうか。苦しいことも悲しいこともあるが，上で述べたように，所属意識を前向きにもたせるよう，低学年であっても，学級生活の経験から「このクラスで良かった」という感慨がもてる学級になれば最高である。それは甘えではなく，汗と涙の努力の結晶である。「日常の生活や学習に進んで取り組む態度の育成に資する活動」，とあるように，「学級生活と学習」の成果は相関関係にあり，相乗作用をもたらすものである。それは一般的には前者が先である。この点はどの学年にも共通することである。

　3・4年では，「学級を単位として，協力し合って楽しい学級生活をつくるとともに，日常の生活や学習に意欲的に取り組もうとする態度の育成に資する活動を行うこと」，とされている。学年が進み，学年発達を受け，1・2年の活動方針から一歩踏み込んだものである。「協力し合って楽しい学級生活をつくる」と，「日常の生活や学習に意欲的に」の部分が発展しているのである。一般に3・4年生は内面的に大きな変化を遂げる時期である。この時期の活動

のあり方が高学年へと影響を与えるから，要注意である。比較的おとなしい低学年から大胆に自己主張を行い，「意欲的に」行動力を示すときであるから，独断的に走らないよう，ルールや学級組織を活用して「協力し合う」機会となるよう，発達課題にふさわしい活動を考える必要がある。経験している具体的なことから筋道を追って論理的に思考することを避けて問題を解決する習慣がついてしまうと，高学年になったときに殻をかぶった人間になってしまう。殻をかぶった状態とは，他人の考えを理解せずに借りている状態であるから，化けの皮がすぐはがれてしまうことを言う。したがって，中学年までは体験から具体的に学んでいくことが大切である。抽象的な思考ができるのは，この過程を経てからのことである。

　5・6年では，「学級を単位として，信頼し支え合って楽しく豊かな学級や学校の生活をつくるとともに，日常の生活や学習に自主的に取り組もうとする態度の向上に資する活動を行うこと」とされている。小学校の最高学年を迎えて「信頼し支え合う」人間関係，「楽しい」ばかりでなく「豊かな学級や学校の生活」づくりが担任と子どもたちに期待されているのである。担任は低・中学年の活動を振り返り，それまでの経験からその上に立って活動を考えていく必要がある。無理やり上から課題を押し付けることは避け，子どもたちの状態をしっかりと把握し，発達過程を無視せず，高望みしないことである。「学校」の教育活動への参画は6年生が主役となるが，5年生からペアーを作るなどして6年生の下で参画することが大切であろう。「自主的」とは，指示を待つのではなく，責任感をもって積極的に行動する姿勢のことである。

2　具体的な活動を考えてみよう

　では，次に，もう少し具体的に見ていこう。学習指導要領では学級活動は大きく2つに分けられているので，それに合わせて，「学級や学校の生活づくり」と「日常の生活や学習への適応及び健康安全」について考えてみたい。また，ここでは，章末の資料3-1～3-3を参考にしてほしい。

(1) 学級や学校の生活づくり

① 学級や学校における生活上の諸問題の解決

　社会的に未熟な発達過程にある子どもたちの間のトラブルは，成長の機会となる。4年生あたりを一つのピークとして問題解決力を育てていく考え方が必要で，低学年では自力ではまだ難しいようである。しかし，難しいからといって担任が解決を図るわけではなく，子どもたちとともに考えていく場をもちたい。特に一日の終わりの帰りの会はそうした場となる。安易な解決はせず，未解決の問題は学級活動や道徳の時間などに持ち越すこともできる。問題解決の話し合いのときには，全体の話し合いでは発言できない子どももいることから，個別指導に加えて，班を活用し，一人ひとりが意見を表明し，参画する意識を育てることも大切である。

　また，子育て支援の時代であるから，保護者とともに，学級通信や懇談会などを通して，意見交換を図り，解決策を考えていくことも行うべきである。学級の問題は，学年全体，学校全体で話し合うこともできる。手に負えない難しい問題を，担任が一人で抱え込む必要はないであろう。

② 学級内の組織づくりや仕事の分担処理

　人間は一人で生きていける存在ではない。このことを集団の成員が十分に理解していないと役割分担や組織づくりはうまくいかない。人それぞれが興味・関心や得意分野が異なり，そうした個性を生かし合う学級をつくりたいものである。まず，担任の教育観を振り返りつつ更新し，子どもたちに伝える必要がある。子どもたちは，支え合い助け合うことでお互いに自分らしさが磨かれ，仲間としての絆を強めていく。学級リーダー（長）は低学年では発達的にまだ早いからといって，担任が一人で決めてしまうようなことは慎みたい。さまざまな分野でリーダー的な存在が自然発生してくるであろうが，まだまだ自己中心的な見方の強い時期であるから，担任は，子どもたちの中に現れた公平で思いやりのある言動を紹介しながら，全体への視野をもてる子どもへと育てていく必要がある。朝の会や帰りの会，学級活動，道徳の時間などで，子どもたちが日常生活の中での出来事を振り返るなど，表現の場と時間を保障し，具体的なことを通して，社会生活における生きる力を培うことが大切である。

③ 学校における多様な集団の生活の向上

　清掃や休み時間の集団遊び，集団登下校などにおいて，異学年の縦割り活動が行われている。同学年以上に能力の違いがはっきりと現れるから，上の学年の子どもはリーダーシップを発揮し，思いやりをもてる機会となる。1・3・5年生，2・4・6年生の組み合わせも良いであろう。清掃活動では，教師も参加して見回る中で，掃除道具の使い方やリーダーの言動などを指導する必要がある。児童会などが中心となり評価・反省も行われる。集団遊びは，スキンシップや人間関係を醸成する昔の遊びが伝承されていく貴重な場ともなる。

　異学年の縦割り集団の活動は，いまや子ども社会から消失しており，意図的につくっていく意義はあるのであるが，それを安易に進めていくと落とし穴があることに気を付けたい。どの集団にも配置される担当の教師が見守り，人間関係のトラブルや活動における衝突などを振り返る場をもち，具体的な助言や指導を行わないと封建的な縦社会がはびこるなど，いじめや不登校の原因となりかねない。特に学校外の集団登下校などでは教師の目を離れるから，要注意である。

（2）日常の生活や学習への適応および態度の形成

① 希望や目標をもって生きる態度の形成

　教室の正面には，学級目標や学校目標が掲げられる。さらに，個人目標を肖像画（顔の絵）とともに掲げ，つねに自己を振り返る環境を用意することができる。

　1ヵ月に1度は，各自の目標を反省し，振り返りノートに綴り，学級で交流し合う場も貴重である。特に6年生では，個人の「卒業への道」文集を作成する。担任も子どもと同じように目標をもち，子どもとともに歩んでいる姿を見せることが何よりの教育となるであろう。お説教だけでは子どもたちはついてこない。率先垂範である。指導には，モデルを具体的に示すことが欠かせない。時には，子どもたちの中からほめる材料を取り上げることもできる。規範意識や民主的な社会づくりなど，公共の精神を養う場でもある。教育とは「希望を語る」ことであると言われる。教師自身の自己反省もまた子どもによい影響を

与えるであろう。学年初めや学年の終わり，6年の卒業時点でお互いの夢や希望を語り合う場をもちたいものである。そのときの交流には事前に一人学習の時間を保障し，考えを練り上げることが重要な条件となる。

② 基本的な生活習慣の形成

　低学年からの丁寧な指導は欠かせない。学年としては素直に従う特徴の強い2年生あたりがよいモデルを真似て身に付けるのに最も適した時期であるから，入学までの発達過程を考慮し，自発的に変化するのを見守ったり，ゲーム的な競争を取り入れて取り組ませたりして，習慣化することができる。ほめて自信をもたせる評価も積極的に取り入れるべきである。習慣は大きな成果をもたらすものである。生活習慣と学習成果との因果関係も強いものがある。無理のないように，定期的にお互いの生活習慣を振り返る機会を設定しておくと良い。

③ 望ましい人間関係の形成

　人間関係はあいさつから始まると言われる。親と子，友だち同士，教師と児童との一対一の愛着・信頼関係が基本である。学級においては，係り活動や授業すべての活動を通して人間関係を構築していくことを心がけ，1学期という長いスパンの中で人間関係を徐々に深めていき，2学期の行事で団結を図り，3学期には落ち着いた集団の中で学習を深めていくようなゆとりをもつことが必要である。焦ったり急いだりすると，表面的なレベルで教師の都合の良いような人間関係をつくってしまう。それでは何か問題が起こったときには役に立たない人間関係となり，助け合う学級とはならない。地に足着いた信頼関係，しっかりとした絆をつくる必要がある。

④ 清掃などの当番活動等の役割と働くことの意義の理解

　働く（はたらく）とは，「傍（はた，つまり周囲の人）を楽にする」ことであると言われている。分業社会において労働は欠かせないことである。ボランティア性の強い清掃活動であるが，単なる美化活動であれば，業者に任せればよい。そうではなく，公共の精神やボランティア精神を培うことが教育活動と

して重要なのである。そのことを理解することなく清掃などの当番活動を強要することは、かえって働くことの嫌いな人間をつくりかねない。評価システムをつくり、個人やグループや学級をコンクールで表彰することも意欲を高めるよい方法である。

⑤ 学校図書館の利用

　幼いときから読み聞かせに触れ、本のよさを知っている子には下手な指導は不要である。時として忙しい教師よりも本に親しんでいる。教室に学級文庫コーナーをつくり、朝活動、食事の時間、学級活動、帰りの会などで、物語の傑作に出会わせることが何よりの読書指導となる。また司書教諭、保護者や地域の協力が欠かせない。夏休みの宿題、読書感想文で事たれりという考え方は昨今は消えているであろうが、教室で良い作品と出会える機会を保障している教師はどれだけいるだろうか。教師の声を聴こうとしない学級崩壊のクラスで、最後の手段で行った読み聞かせによって窮地を脱した事例もある。

　また、読書の喜びを知っている子どもから、いろいろな本を紹介してもらうこともできる。図書係として好きなことで活躍させると、子どもは自信をもって飛躍的に成長する。不登校の読書家が意外にも国語や社会の学力は群を抜いていることが多い。また、いろんな学習の場で、あえて回り道をして資料や本をじっくりと読み、知ることの面白さや楽しさを味わえる子どもへと育てていきたい。このことも教師の知的好奇心の深浅に影響を受けることであろう。

⑥ 心身ともに健康で安全な生活態度の形成

　最近の子どもは、過干渉と情報管理の社会の中で、身体的な危機に鈍感である。機械文明に浸る生活の中で、ストレスを溜め、安全性が見えずに、キレたり爆発したりしてしまう。愛着障害や生活経験不足の子どもたちの内面世界を理解し、一方的な指導に終わらず、個に応じた関わりが欠かせない。生活科にとどまらず、学校めぐりや学校散歩で危険や安全を確認したり、登下校も定期的に教師が付いて回ったりして、指導を重ねたい。また、登下校の安全の問題は保護者への啓発も必要である。

心や身体の調子が良くない子どもも、お互いに自己開示し、対話する生活の中で、心身が相乗的に変化することを経験したり、そうした集団生活の中での喜びをもてることが大切である。人間関係は自己開示と他者理解を通さないと深まらない。楽しく運動に親しむ習慣を形成するプログラムも用意したい。

⑦ 食育の観点を踏まえた学校給食と望ましい食習慣の形成

　知・徳・体育の基礎にあるもの、それが食育であると言われる。そして、心身の健康にとって大切な「早寝、早起き、朝ごはん」の標語が広まっている。生活習慣の基本は、食生活が基にあるからである。生き物は生きるためには食べなくてはならないからである。食べ物が心身をつくるのであるから、まず何を食べるかが問題である。食の安全性（農薬、食品添加物、輸入品など）が問われている時代である。家庭においては、孤・個・固食が問題となる。

　マナーや偏食などを含め、望ましい食習慣とは何かを子どもとともに考えることこそ必要である。学校だけでは身に付かないのが生活習慣である。食事については特にあてはまる。保護者の協力なしには難しいことから、親子クッキング教室や学級通信などを通して啓発を図りたい。

　ある県では、三つのわ食、すなわち、環境問題を考える機会ともなる環食、健康に良い「まごわやさしい」（豆・胡麻・わかめ・野菜・魚・椎茸・芋）を食材とする和食、楽しく仲良く食べたり、食物連鎖もイメージできる輪食、を提案している。楽しく美味しくいただくためには、「話（わ）食」も欠かせないだろう。地（旬）産地（旬）消で、県や市町村などの特産・名産が学校給食で生かされている。これは、地域と連携した教育活動、とりわけ特別活動や総合学習などにも発展する。

　噛み噛み運動がかつて流行った時代もあったが、噛むことがどれだけ食育に大切かはまだ十分に広まっていないようである。有毒な化学物質をも破壊する唾液の威力、脳への刺激、あごの発達と健康との関連などがある。さまざまな情勢や背景から、戦後の窮乏期に生きるために配給として始まった給食は、牛乳とパンの時代を経て、洋食から和食中心へ、さらには米飯中心へと大きくシフトしてきている。和食や米飯給食の方が噛むことは多い。身土不二と言われ

るように，身近な土地で生産されるものを食することが大切である。環境問題からはフードマイレージが問われている。また，「腹八分は医者要らず」「腹六分は薬いらず」と言われている。今後，オーガニック（有機食品，3年以上にわたり，化学肥料や農薬を使用していない土壌の生産物）や正食などの考え方がさらに普及していくであろう。

　さらに，食器にも安全性が求められている。化学物質の溶出が危険視され，アルマイトやプラスチック食器から安全性の高いステンレスや陶器の食器が広まっているが，まだ十分ではないようだ。かつては使用された先割れスプーンも食べ方が悪くなるということで消滅している。箸を使用することが最善ではないであろうか。

　食事の環境も見逃せない事柄である。ランチルームがあるのは小規模な学校に多いが，テーブルクロスを敷き，お花を飾り，勉強の雰囲気から食事の雰囲気へと換えることも，心身のリフレッシュにとって大切なことである。放送で美しい音楽や楽しい物語を流したり，クラスで楽しい話題を入れるなどの工夫もしてみたいところである。

3　学級の教室環境をみてみよう

(1) 子どもたちの向き合い方

　机の並べ方をどのようにするかは，子どもたちの人間関係や学習意欲などに強く影響する。学習活動によって柔軟に変化することが大切である。グループ別の意見交換や活動に合う「班で向き合う」体制，学級全員が顔を向かい合い，お互いの意見を聞き合う話し合い学習にふさわしい「コの字型」の体制，横の「二人が組む体制」，などがある。

　その周りには，読書を促す学級文庫や命を見つめる飼育栽培コーナー，余裕があれば畳コーナーを設け，作業机を配置する。

　丸テーブルがあると，雰囲気が一気に和んだりする。保育の部屋には椅子や机がない時間も多い。円陣となり，お話し会をする。教師の椅子はピアノの椅子と兼用であったりする。

小学校では教師の机は一般に前面の横であるが，教師の権威主義を廃し，「はじめに子どもありき」の精神を意識した「後ろに教室机」を構える教師もいる。

（2）壁面構成

　保育の部屋では，壁面構成は重要な環境である。季節や家庭的雰囲気を醸し出すために窓辺やカーテンを工夫する，照明飾りを付ける，子どもの作品をパノラマにする，一人ひとりの似顔絵を飾るなど，相当の時間をかけて構成していく。

　小学校でも同様なことが言える。1日の3分の1を過ごす生活の場でもあるために，家庭的な癒しの雰囲気もあって良いであろう。

　さらに，新聞記事のコーナーを作り，社会科の学習を支援する。学習の経過がわかる資料により研究的な学習の追究体制をつくる。学級新聞を発行することにより，自分たちの生活を見つめる。詩のコーナーを設け，想像力を豊かにする。教師の趣味も生かしながら，いろんな工夫ができるであろう。朗読に向く作品を掲げて，朝の会などに群読することもできる。また，学級生活のルールや話合いの仕方を掲示し，つねに心がけるようにすることもできる。

　保・幼・小の連携・接続が課題となっている。生活科など総合学習の学び方が中心であるにもかかわらず，上で述べたように，人間は違いの大きな段差のある環境に入ると適応することに大きなエネルギーと時間を要するからである。低学年では保育と一貫した教室環境が必要である。不安の大きな1・2年生の子どもたちの生活環境への配慮，「家庭的な雰囲気で」が不可欠となる。なぜなら，心の安定が次へのステップにプラスに働くからである。小学校の教師は保育現場からいろいろなことを大いに学ばなくてはならない。

4　授業づくりとの関連

（1）朝の会の意義

　朝の会は，一日の始まりの場や時間として重要なものである。いろんなプロ

グラムの中で，健康観察は，元気な声を出して気力を引き出す意味をもっている。子どもたちが選んだ学級の歌を歌ったり，音楽に合わせて踊ったりという表現活動もある。また，交替で自由表現し，それに対するお尋ねの時間をもつことも，子どもたちがお互いの生活への関心を広げていったり，人間関係を築いていったりする場としても貴重である。一言で言えば，表現活動の場とも言える。朝の会は，同時に教師が子どもを理解する場でもある。ある学校では，朝の会を「暮らしの確かめの時間」と言う。お知らせタイムという言い方もある。生活の中での変化に気付く目をもち，観察力や生きる力を育てる機会ともなる。教科の学習時間に食い込むことは避けたいので，早めに始める工夫も必要である。

　低学年の話し合い学習では，「いいですか。わたしは……と思います。どうでしょうか」「……さんにお尋ねします。私は…さんの考えに賛成（反対）です。なぜかというと……だからです。どうですか」のように，話し方のモデルを与えていく時期があってよいであろう。もちろん，それに頑(かたく)なにこだわる必要もないが，一度こうした話し方や他者との関わり方が習慣化されると，それは話し方だけでなく，人間関係の取り方にも役立つであろう。筋道を立てて考える習慣をもつことは，早い時期にこそ定着しやすい。論理的思考力は，中学年以降の話し合いにはなくてはならない力である。

（2）人間関係を深める意義

　授業という言葉は，「授ける業」ということで授業者である教師側の言葉である。したがって，ここではあえて，学習活動と使い分けて述べたい。学習活動において，お互いが本音で意見を言い合える環境が大切である。低学年から高学年への移行する間に，考えを徐々に表現しなくなる傾向が強まる。そのため逆に，中学年までの体験活動や振り返り活動での意見交換が活発で，お互いに自分の考えに至るまでの根拠などをしっかりと議論し，論理的思考力が育っている子どもたちであれば，その心配は不要なことである。支え合い助け合う学級においては，子どもたち自身は，意見の交流がより深い学びのためには不可欠であることを経験的に理解している。それゆえに，自分の本音をしっかり

と伝えられ，時には敢然と対立しながらも交流できる人間関係の深さが大切な事柄となってくる。つまり，人間関係の深さが学習の深さに比例するという事実があると言えるのである。

　人間は，成長とともに視野を拡大する。人間は，その視野を家族の人間関係から仲間の人間関係を経て，次第に広い社会の人間関係へと拡大する。6年生は，志(こころざし)をもつ学年であると言われる。中学校へ進み，小学校での学びが生きるためには，それまでに培われた柔軟な思考力と信頼と思いやりなどの豊かな心情が不可欠である。この思春期前期の段階では，大きな目標として，意見を戦わせることを通して，確固とした生きる力をもつ自立した人間へと育てることを考えておきたい。

（杉山浩之）

第3章　学級活動（小学校）の特色

資料3-1　学級（教科）における学習活動で指導していきたいこと（学年別）

学年	1	2	3	4	5	6
見つけたこと（ニュース）	実物や絵で短いお話をしてモデルを示す。『先生あのね』（ほめる）	お尋ねから対話へ。専用ノート。1日二人ずつ。	お尋ねから討議学習へ。メモを取る学習。実物を育てる。	朝，テレビや新聞のニュースを発表する。	新聞への関心を高める。毎朝十分程度取り上げる。	週単位でテーマを決める。社会の動きについて自分の考えを述べる。
話し言葉	夏休みや運動会を契機として，言葉の乱れを直していく。	言葉の修正に適した時期。音読や大きな声ではっきり話す指導する。	荒々しい言葉に注意する。2年生より難しい。	崩れに注意して小さいうちに手を入れる。本人との対話を重視する。	左に同じ。	左に同じ。
読み聞かせ	絵本や紙芝居。週2〜3回。聞く力を育てる。読書の素地を養う。教師と子どもの結びつきを強める。	お話だけの本に移行する。子どもの興味をそそる面白い内容の本を選ぶ。聞く楽しみを味わう。週1〜2回。	お話。格調の高い名作。伝説。2ヵ月に1冊。1回に15〜20分。各自の読書も進める。	伝記が主となる。名作。2ヵ月に1冊。1回に15〜20分。読書習慣の形成に適した時期。	世界の名作。歴史物語。学期に1冊。読書記録表（今読んでいる本）に記入する。市立図書館の利用。	5年に同じ。
文を書く書く力を育てる	見つけたことの中で。「せんせいあのね」と書き始める。	書き慣れさせる指導をする。枚数を競わせる。繰り返しや間違いへの指摘はせず，根気よく書く力を育てる。生活科の学習の記録で表現を工夫する。	長文が書けたら，内容の充実に力を入れる。一例を挙げて皆で推敲する。数多く書けるように箇条書きにする。長く，深く自分の考えを入れて書けるように方向付ける。	考える力，まとめる力を育てる。どの教科でも考えの移り変わりが見えるようにする。計算ややり方を変えたときも前のものを消さない。間違いを辿れるようにする。	左に同じ。	左に同じ。
学級動植物博物館		〈3年〉子どもたちが採集した動・植物を観察するミニ動物園・植物園をつくる。		学級博物館（家にある昔のものの展示）	左に同じ	左に同じ
ルールについて考える	〈3年〉何でも言い合える機会を持つ。誰にも遠慮なく言い合える学級を目指す。ルールを作り，増えすぎたら身動きが取れなくなるので，減らしていく。			モラルの高いクラスはルールが少ないことがわかる	学級の問題を考える。自分の家のルールを交流させる。	左に同じ

（出典）　滋賀県八日市南小学校『現場の児童研究』（1956年，明治図書），滋賀県八日市南小学校『子が生きる学級経営を考える』（1995年）より作成。

資料3-2　学年発達と学級経営（3年生）

3～4年生：　人生の動乱期。最も活気に満ち、自信にあふれ、他の束縛を少しも感じないで、自分をむき出しにして行動する時期。手に負えないことがあり、いたずら盛りであり、手が汚れ、服が泥まみれになり、ちょっとの間もじっとしていない。最も世話の焼ける学年。この生命力に正しい方向を与えるかどうかということは、以後の成長に決定的なものを与えるかどうかということにつながる。そのような時期である。

〈3年生の学級経営の指針〉

① 教師の力で<u>無理やり押さえつけると内向して病痕（痕跡）を残す</u>ことになる。しかし、ほっておけばとんでもない方向に行って、手がつけられなくなる。<u>この矛盾をどう統一するかが3年の学級経営の焦点となる。</u>

② 具体的な活動がはっきりとしている<u>「係り」</u>を与え、励ましと承認を続ける。

③ 活動の旺盛な子の陰に没して、そっと暗い瞳を向けているような子があってはいけない。一日一回は子どもに話しかけたり、仲間に入って一緒に行動する。

④ 学習帳や日記によって、認めたり、話したりする。特に、<u>内向性の強い子</u>に対して。

⑤ 良い子としての<u>自信が崩れたときは一つの立場からだけでは問題は解決しない</u>ことに気づかせ、ものを見る立場を広げてやる。成長の契機がある。反抗や逃避に注意する。

⑥ 学校生活の学習活動の一箇所に、<u>感激的に打ち込める</u>場所を作る。社会科の構成活動、理科・工作のものを作る活動、身体活動、飼育・栽培、劇活動、紙芝居製作など。

⑦ 学級をかき回すボスが出てきたときは、上のことをやる以外にない。

⑧ 何でもやってみたい時期だから、自分の手で、結果をやかましく言わず認める<u>自由奔放な創作意欲は、この気を外してしまえば、枯れてしまう心配がある。</u>

⑨ 教師の位置は、子どもたちの中に飛び込んでともに突進するというような意欲的なものでありたい。
　　（高学年以上では、暑苦しいことも、この時期には必要であると言える。）

⑩ <u>生活上の技術</u>、たとえば、掃除の手順、鉛筆の削り方、ノートの使用法など、丁寧に指導する。技術の体得が、考え方に大きな自信を与える。

⑪ 危険な遊びが増えるが、禁止ではなく、危険を防止するための指導、<u>腕力・跳力・巧緻性を伸ばす</u>体育指導を進める。

⑫ 競争心が強いから、運動、算数、国語における進度表を活用する。過ぎたるは及ばざるがごとし、やりすぎに注意する。

⑬ 想像の世界が広がるから、読書への誘いや、語り（読み）聞かせを進める。

（下線は筆者による）

第3章　学級活動（小学校）の特色

資料3-3　学年発達と学級経営（4年生）

〈4年生の学級経営の指針〉
① 旺盛な活動意欲の中にある独特な考え方に方向を与え，伸ばしていく。決して見栄えを良くしようとしない。小さくまとまり，内なるものが発展しないから。
② 自分の尺度で話し，書き，行動するチャンスを与える。教科の思考過程，表現活動において，一方向だけの指導とならない。
③ 奇抜な着想を認める。
④ 現実の世界と，その他の時間や空間を超えた世界，物語の世界とが，やがて統一されてくること，それが考え方や行動などに現れてくることを忘れない。
⑤ 秩序を批判し，検討し，矛盾を改めようとするが，自分に都合のよい考え方があるので，客観的な立場から視点を変えられるように問題解決を図る。
⑥ 平等の主張に関しては，誰が見ても結果のはっきりした表彰（マラソン1位）は問題ないが，判断が微妙な場合などでは個人的な表彰は慎重に行う。
　1）集団活動全体の中で個人の存在価値（役割，考えなど）を位置付ける。
　2）特定の女子がグループから疎外されたとき，男子が攻撃するが，それは「自分が入れないから」という理由が多い。
　3）教師は平等で公明であり，子どもの中に入り，生活を共にする姿勢が望ましい。時に応じて第三者の視点ももちろん必要である。
⑦ 教室は，仕事部屋，材料倉庫，飼育場，実験室，遊技場という学習環境でもあること。行う前に頭で考えてという方法よりも，やってみてから。
⑧ 考えるという方法が調子（乗り）がよい。
⑨ 児童会活動に参加する。奇抜な着想の係りや具体的な項目を挙げることで活動が活発化する。
⑩ 身体活動の旺盛なときであるから，一日一回は身体のエネルギーを発散する。
⑪ 4年生特有の精神的な不安定から来る一時現象としての盗みなど，スリルを味わうとか平気な場合があるので注意する。
　1）犯人追及は慎重にする。プライバシーを保護し，公表や盗癖の烙印は慎む。
　2）そうした子には気を配り，生活のバランスが崩れないように，また発生しやすい場の隙を与えないような配慮をする。
　3）心のわだかまりが残らないような学級経営に務める。活動欲求が外部に発散されるように計画を立てる。
　4）不良文化（ゲーム，漫画，不良中学生との付き合いなど）の影響を受けやすい時期であるから，それに代わって打ち込めるものを与えていく。

第4章

学級活動(中学校)・ホームルーム活動(高等学校)の特色

　現行の学習指導要領における中学校の学級活動，および高等学校のホームルーム活動の改訂の要点は，活動内容について，①学級（ホームルーム）や学校の生活づくり，②適応と成長および健康安全，③学業と進路，の3つの内容に整理されたことである。

　特に，中学校では，「いわゆる中1ギャップが指摘されるなど集団の適応にかかわる問題や思春期の心の問題，社会的な自立を目指す教育活動を充実する観点」を重視することが指摘されている。そして，高等学校では，「自らよりよい学校生活の実現に取り組む意欲をはぐくむとともに，社会的自立を主体的に進める観点から集団や社会の一員として守るべきルールやマナー，社会生活上のスキルの習得，望ましい勤労観・職業観の育成，人間形成や将来設計といった人間としての在り方生き方の自覚などにかかわる事項に重点」を置いている。

　本章では，今回の改訂で一層の充実が求められる学級活動（ホームルーム活動）について，第1節では，学級活動（ホームルーム活動）のめざす目標は何か，第2節では，学級活動（ホームルーム活動）で取り上げる内容としてどのようなことが期待されているかを明らかにする。第3節では，学級活動（ホームルーム活動）の意義と特質を考える。そして，第4節では，学級活動（ホームルーム活動）の実践に向けて，実践事例を取り上げて参考例として示し，特別活動における方法の特質である集団活動としての話合い活動と役割分担の仕方を示している。

1　学習指導要領における学級活動（ホームルーム活動）の目標

（1）学級活動（ホームルーム活動）における目標の設定

　中学校では学級活動，高等学校ではホームルーム（HR）活動というように，違った呼び方がされている。これは，中学校で「学級」と慣例的に使われてきた名称が，高等学校では，戦後の制度発足時の経緯から，「ホームルーム」という名称が使われたことよる。高等学校は総合制を理念として発足したことから，生活集団としてのホームルームと教科別などの授業場面の学習集団とが異なっていた。もちろん，最近，増加の傾向にある単位制高校や総合学科高校においても，ホームルームは教科などでの学習集団とは違っている。

　さて，学級活動（以下，本章では，特に高等学校のホームルーム活動だけを取り上げていない場合には「学級活動」の名称を使用する。）は，どのような目標をもって，中・高等学校で実施されているのであろうか。まず，学習指導要領（中学校が平成20年3月，高等学校が平成21年3月）に示された特別活動の目標をみておこう。その特徴は，特別活動の3つの内容（学級活動，生徒会活動，学校行事）に共通する全体の目標に加えて，3つの内容毎の独自な目標が設けられていることである。これまでの学習指導要領では，特別活動全体の目標は設定されていたが，学級活動の個別の目標はなかったのである。

　3つの内容毎の目標が設定された経緯は，平成20年1月の中央教育審議会の答申『幼稚園，小学校，中学校，高等学校及び特別支援学校の学習指導要領等の改善について』の中で，特別活動の改善の基本方針が示されたことにある。そして，基本方針の一つが，「特別活動の各内容のねらいと意義を明確にするため，各内容に係る活動を通して育てたい態度と能力を，特別活動の全体目標を受けて各内容の目標として示す。」ことであった。

　この方針を受けて，中学校の学級活動の目標として，「学級活動を通して，望ましい人間関係を形成し，集団の一員として学級や学校におけるよりよい生活づくりに参画し，諸問題を解決しようとする自主的，実践的な態度や健全な生活態度を育てる。」ことが設定された。

同様に、高等学校のホームルーム活動の目標は、「ホームルーム活動を通して、望ましい人間関係を形成し、集団の一員としてホームルームや学校におけるよりよい生活づくりに参画し、諸問題を解決しようとする自主的、実践的な態度や健全な生活態度を育てる。」ことである。なお、中学校と高等学校の目標は、学級とホームルームという名称に違いはあるけれども、文言はまったく同じである。

特別活動の全体目標と学級活動（ホームルーム活動）の目標との関連をみると、「自主的、実践的な態度」の育成、「望ましい人間関係」の形成はどちらにも示されており、また、他の内容（生徒会活動、学校行事）の目標にも掲げられている。学級活動の目標としては、特に、社会に参画する態度や自治的能力の育成を重視する観点から、「生活づくりに参画する」という文言が入れられた、と解説されている。

（2）学級活動（ホームルーム活動）で育てたい人間関係と態度

さて、学級活動で目標として掲げる、育てたい人間関係と態度を、学習指導要領解説ではどのように説明しているのであろうか。まず、「望ましい人間関係」とは、豊かで充実した学級生活づくりのために、生徒一人ひとりが自他の個性を尊重するとともに、集団の一員としてそれぞれの役割と責任を果たし、互いに尊重しよさを認め発揮し合えるような開かれた人間関係のことである。

次に、「自主的、実践的な態度」とは、そうした望ましい人間関係を主体的に形成し、学級や学校づくりに参画するとともに、生活の中で起こるさまざまな問題や課題に積極的に取り組み、解決していこうとする自主的、実践的な態度のことである。また、日常の生活やそこでの生き方、学習や進路に関する諸問題について、自己をよりよく生かすとともに、共に考え話し合い、協力して諸問題を解決したり、人間としての生き方（高等学校では、人間としての在り方生き方）についての自覚を深め、主体的に物事を選択し、現在および将来を豊かに責任をもって生きていく自主的、実践的な態度のことである。

最後に、「健全な生活態度」とは、日常生活や社会生活を営むために必要な行動の仕方を身に付け、集団や社会の一員としての在り方を体得し、学校や学

級での生活によりよく適応するとともに，現在及び将来の生き方を考え行動していく態度や能力のことである。なお，高等学校では，「健全な生活態度」とは，規範意識の確実な定着のもと，日常生活や社会生活を営むために必要な行動の仕方を身に付け，社会的自立に向けて，集団や社会の一員としての在り方を体得し，ホームルームや学校での生活によりよく適応するとともに，人間としての望ましい在り方や生き方についての自覚を深めて，主体的に物事を選択決定し現在及び将来を豊かに生きていく態度や能力のことである（下線部は，中学校と同じ表記）。

　学級活動において目ざすのは，上記のような人間関係の形成と態度の育成である。では，どのような内容でもって，この目標を達成しようとしているのであろうか。

2　学級活動（ホームルーム活動）の内容

(1) 学級活動（ホームルーム活動）の内容区分

　では，学級活動で取り扱う内容はどのようなものであろうか。中学校，高等学校ともに，内容は3つに区分し，設定されている。1つは，「(1) 学級や学校の生活づくり」である。これは「学級や学校の一員として，学級及び学校生活における集団生活の充実・向上に参画する活動内容」とされる。2つは，「(2) 適応と成長及び健康安全」である。3つは，「(3) 学業と進路」である。そして，この(2)と(3)は，「学級の個々の生徒が共通して当面する現在及び将来にかかわる問題を学級での活動を通して解決する活動内容」とされる。そして，それぞれの活動内容においては，いずれの学年においても取り扱うもの（中学校），入学から卒業までを見通し，取り扱うもの（高等学校）として複数の項目が示されている。なお，学習指導要領の解説によると，この3つの活動内容はおのおの独立している性質のものではなく，関連しているとし，生徒の実態や題材に応じて，内容間の関連や統合を図り，個々の時間の充実はもとより，3学年間の生活全般を見通して指導計画を作成する必要があるとしている。

　なお，表4-1に示しているのが，中学校と高等学校における学級活動と

第4章 学級活動（中学校）・ホームルーム活動（高等学校）の特色

表4-1 学級活動とホームルーム活動の内容（学習指導要領）

中学校（学級活動）	高等学校（ホームルーム活動）
学級を単位として，学級や学校の生活の充実と向上，生徒が当面する諸課題への対応に資する活動を行うこと。	学校における生徒の基礎的な生活集団として編成したホームルームを単位として，ホームルームや学校の生活の充実と向上，生徒が当面する諸課題への対応に資する活動を行うこと。
(1) 学級や学校の生活づくり ア 学級や学校における生活上の諸問題の解決 イ 学級内の組織づくりや仕事の分担処理 ウ 学校における多様な集団の生活の向上	(1) ホームルームや学校の生活づくり ア ホームルームや学校における生活上の諸問題の解決 イ ホームルーム内の組織づくりと自主的な活動 ウ 学校における多様な集団の生活の向上
(2) 適応と成長及び健康安全 ア 思春期の不安や悩みとその解決 イ 自己及び他者の個性の理解と尊重 ウ 社会の一員としての自覚と責任 エ 男女相互の理解と協力 オ 望ましい人間関係の確立 カ ボランティア活動の意義の理解と参加 キ 心身ともに健康で安全な生活態度や習慣の形成 ク 性的な発達への適応 ケ 食育の観点を踏まえた学校給食と望ましい食習慣の形成	(2) 適応と成長及び健康安全 ア 青年期の悩みや課題とその解決 イ 自己及び他者の個性の理解と尊重 ウ 社会生活における役割の自覚と自己責任 エ 男女相互の理解と協力 オ コミュニケーション能力の育成と人間関係の確立 カ ボランティア活動の意義の理解と参加 キ 国際理解と国際交流 ク 心身の健康と健全な生活態度や規律ある習慣の確立 ケ 生命の尊重と安全な生活態度や規律ある習慣の確立
(3) 学業と進路 ア 学ぶことと働くことの意義の理解 イ 自主的な学習態度の形成と学校図書館の利用 ウ 進路適性の吟味と進路情報の活用 エ 望ましい勤労観・職業観の形成 オ 主体的な進路の選択と将来設計	(3) 学業と進路 ア 学ぶことと働くことの意義の理解 イ 主体的な学習態度の確立と学校図書館の利用 ウ 教科・科目の適切な選択 エ 進路適性の理解と進路情報の活用 オ 望ましい勤労観・職業観の確立 カ 主体的な進路の選択決定と将来設計

ホームルーム活動の内容である。

（2）学級活動（ホームルーム活動）の活動内容の位置付け

(1)の「学級（ホームルーム）や学校の生活づくり」は，学級活動（ホームルーム活動）の基礎（基盤）をなすものと考えられている。中学校における学級は，各教科等の授業の場であるとともに，学校生活を送るうえでの基礎的な生活の場である。高等学校におけるホームルームも，中学校と同様である。

では，生徒の学習や生活の場としての学級はどのような場でなければならないのであろうか。集団としての学級のあり方を考えると，個々の生徒が単に所属しているだけの場，籍を置いているだけの場が学級であるといった捉え方では不十分である。むしろ，生徒一人ひとりが学級という場において自分の存在感を感じられ，自分らしさを発揮できて，学習や生活に意欲的に取り組めることで，充実感や満足感を十分に味わえ，良き仲間とともに学級をよりよきものにしていこうとする自主的な態度が育つものでなければならない。こうした学級をつくるには，普段に直面する諸問題を学級の中で解決することができ，学級をよりよくする組織をつくり，積極的に活動に参加することが重要である。さらには，生徒会活動などで，学校の一員としての自覚をもって，学校生活全般の充実・向上を図る活動に参画することができることが重要である。

　(2)の「適応と成長及び健康安全」は，学習指導要領解説によれば，心身の健康の保持増進に努めるとともに，人間としての生き方についての自覚を深め，社会の中で自己を正しく生かす能力を養うことと関連づけて指導する内容であると，説明されている。適応と成長に関しては，思春期の中学校段階にある生徒はさまざまな課題に直面する。思春期は，自己の生き方を自覚し，模索し始める時期であり，他者との関係の持ち方にも児童期とは違った変化が生まれる時期である。生徒は直面する諸課題に対応し，生き方についての自覚を深め，集団の中で自己を生かす社会的な能力を養っていかなければならない。また，健康安全に関しては，食を含めた，身体的・精神的な健康，安全に関わる諸課題に対応し，健全な生活態度や習慣の形成を図らなければならないと考え始める時期である。中学生の問題行動として取り上げられている，いじめ，校内暴力，不登校，生活の荒れ，喫煙や飲酒，薬物など，生徒指導との関連が深い。

　(3)の「学業と進路」は，生徒の現在及び将来の生き方を考える基盤になるものと考えられている。中学校や高等学校の発達段階になると，将来の生き方を考え，どのような進路を選択しようとするかは，どの生徒も考えざるをえない発達課題である。もちろん，個々の生徒による考えの深さや拡がりには個人差があるが，自分の能力や個性，学習の成果を生かし自分の進路を考え，選択しようとすることは中学生や高校生にとってきわめて重要なことである。将来直

面するであろう課題を考え，課題に真剣に対応し，進路意識をできるだけ明確にし，意欲をもって取り組んでいくことができることは，どの生徒にも求められる。このための学習や体験を深めること，つまり，望ましい勤労観や職業観を形成し，将来の生き方を見つめ，自分の意思と責任で考え，進路の選択を図っていくことは，教科の学習とともに重要なことである。

　なお，学習指導要領解説では，学級活動の内容は，(1)の学級及び学校生活全体の充実・向上をめざす活動と，(2)や(3)のように，主に個人の問題を学級での活動を通して解決する活動とからなっている。そして，これらの内容を展開する生徒の活動形態は，「主として集団全体での取り組みや集団としての意思決定などを進めていくような自発的，自治的な活動の形態」と，「集団として取り組みながらも主として個人が選択し行動していくような自主的，実践的な活動の形態」とに大別されるとしている。しかし，(1)が自発的，自治的な活動，(2)(3)が自主的，実践的な活動であると固定的に分ける必要はないとしている。すなわち，自主的，実践的な活動を基盤として望ましい集団としての自発的，自治的な活動が生み出される場合もあるし，自主的，実践的な活動を通して生徒の自発的，自治的な活動も高められる場合もあると考えられるからである。どちらに力点を置いて指導するかは，題材のねらいや内容，生徒の実態によるとして，弾力的な考え方に基づく指導方法の工夫が求められている。

3　学級活動（ホームルーム活動）の意義とその特質

(1) 生活の充実と向上をめざす

　学級や学校の生活は，家庭の生活とは少し異なり，目的がかなり明確に決まっている。また，生活の期間も，学級であれば一年間というように，明確に学年という仕切りで限定されている。生活をともに送るメンバーもほぼ一年間は固定されている。

　学級や学校において生活の充実と向上をめざすとは，どのようなことをいうのであろうか。1つは，直面する課題や問題の解決である。目的の達成をめざす生活であることから，つねに課題や問題に直面することが考えられる。特に

達成すべき目的や目標のない生活であれば，課題や問題に直面することは少ない。直面したとしても，解決できなくてもよい場合もあるであろう。しかし，学級や学校では，めざす目的や目標が達成できなくてもよいとか，次回に解決を先送りするというわけにはいかない。やはり，直面した課題や問題をその時その時にきちんと解決していかなければならない。教科の授業時間の中で，期待される知識や技能をきちんと身に付けていかなければならないことと同様である。授業の中に生徒一人ひとりの学習を成立させるには，授業時間に，学習にふさわしい行動基準（規範）が形成される必要がある。たとえば，学習や活動に集中する，教師の指示や説明をよく聞く，時間を守る等々といった行動基準（規範）が成立していなくては，授業は成り立たない。学級活動には，学習や活動への生徒の取り組みをより充実させ，より向上させる役割が期待されているといった特質がある。

2つは，生活の場の組織化である。学級や学校における生活は，生徒一人ひとりが周りの生徒と関連をもたずに，個々バラバラの生活を送っているわけではない。たとえば，個人的な学習をしているように思われる授業においても，教師の説明を聞くだけでなく，周りの生徒の発言や意見の発表などに触発されながら，自らの考えを拡げたり，まとめたり，深めたりしている。学習や生活にともに取り組むためには，協同的な取り組みが必要となる。ともに学習や活動への意欲を高め，共通な行動の基準をつくり，学習や活動をより充実したものにしていくには，学級の生徒たちによる組織づくりが大切である。

たとえば，学習や活動に取り組む教室の環境をどのように整えていけばよいのであろうか。学級での生活がより楽しく充実したものになるような活動をどのように作り上げていけばよいのであろうか。教科の学習を生徒の手で自発的にどうすればよくわかり，充実したものにしていくことができるのであろうか。学級でのこうした協同での学習や活動を進めるために，各種の係り（組織）をつくる試みがみられる。生徒の手で学習を進めるための国語班や数学班といった教科班の編成，学習環境を整える掲示班や美化班の編成，学級の文化をつくることに貢献する新聞班や文化班の編成，あるいは日常の生活を円滑に進めるための当番活動の組織化など，学級での生徒の人間関係のあり方として機能的

な組織や集団としての働きが期待されている。

　3つは，学年や学校全体での活動の充実である。学級での生活の充実をめざす活動に取り組むだけにとどまらず，学年とか学校（全校）を単位とする活動の充実に取り組むことが要請される。それは生徒会活動であり，文化祭，体育祭，合唱発表会，展覧会等の学校行事である。特に，学級での活動の発展としての学年や全校を単位とした活動の展開が重要な意味をもっている。とりわけ，学級での活動と学年や全校を単位とした活動とが相互に連携することが求められている。

（2）人間関係づくりを通して

　学級やホームルームが置かれる意義は，生徒同士，あるいは教師と生徒の間によき人間関係を形成することにある。よき人間関係は教育活動が成立する前提条件でもある。このため，学級活動の時間は，次の2つのことに重点を置くことで有意義なものとなる。

　1つは，人間関係づくりを行うことである。人間関係づくりとは，他者への理解を図り，生徒の相互理解を図り，それを深めることであり，コミュニケーション能力を育てることである。対人関係能力を高めることである。そして，他者への理解を深め，他者との関係を形成するために，役立つ活動は人数のあまり多くない小集団単位での活動である。たとえば，少人数での班での活動は，活動を通して相互の理解を深めやすい。また，班や学級で話合い活動の機会を多く設けることで，話す，聞く，書く，読むなどに習熟できることで，コミュニケーション能力を育成することができる。

　2つは，よき人間関係のもとで学級活動をより一層充実させることである。たとえば，「ア　思春期（中学校）・青年期（高等学校）の悩みや課題とその解決」などのテーマ（内容）を取り上げる場合にも，学級に良い人間関係が成立していなければ，学級活動の時間が充実しないことは明らかである。自分の悩みを容易には他者に打ち明けたりしないのがこの発達段階での特徴である。自分の悩みを他者に話したり，他者の悩みに共感するといったことは，学級における人間関係のあり方に強く左右される。「友人はいるけれど，親友はいない」

と言う高校生や中学生は多い。「悩みや課題とその解決」についての生徒同士の話合いが深まるのは容易なことではない。そこで，生徒間に良き関係を築くためには，生徒の関係が親和的であり，集団の雰囲気として支持的な風土の形成が必要となる。他者からの批判が少ない許容的な学級の雰囲気（集団風土）の形成なくしては，学級活動の充実は期待できない。

（3）学業と進路を考える

中学校の学級活動および高等学校のホームルーム活動における内容を，小学校の学級活動の内容と比較すると，この「(3) 学業と進路」が加わっている。この学業と進路の指導のねらいとして，学習指導要領ではどのようなことが掲げられているのであろうか。

中学校学習指導要領では，「第4　指導計画の作成等に当たって配慮すべき事項」の中で，「(4) 生徒が自らの生き方を考え主体的に進路を選択することができるよう，学校の教育活動全体を通じ，計画的，組織的な進路指導を行うこと」と記されている。

高等学校学習指導要領では，「第5款　教育課程の編成・実施に当たって配慮すべき事項」の中の「5　教育課程の実施等に当たって配慮すべき事項」では，「(2) 学校の教育活動全体を通じて，個々の生徒の特性等の的確な把握に努め，その伸長を図ること。また，生徒が適切な各教科・科目や類型を選択し学校やホームルームでの生活によりよく適応するとともに，現在及び将来の生き方を考え行動する態度や能力を育成することができるよう，ガイダンスの機能の充実を図ること」，および「(4) 生徒が自己の在り方生き方を考え，主体的に進路を選択することができるよう，学校の教育活動全体を通じ，計画的，組織的な進路指導を行い，キャリア教育を推進すること」，と記されている。

この配慮すべき事項から，次の3点が重要になってくる。

1つは，生徒が主体的に進路を選択することができるようになることである。中学校では「自らの生き方を考え」ることを通して，高等学校では，「自己の在り方生き方を考え」ることを通して，進路選択がある。進路を選択する場合に，特に主体的にという点が強調されている。つまり，自己の興味や関心や適

性を理解させること，および自発的な意欲を喚起することを大切にしなければならない。自己理解もなしに，また，自己の将来の生き方を考えることもなしになされる進路の選択決定では意味がない。自ら学ぶことや働くことの意義を十分に理解させた進路指導が求められているのである。

　2つは，計画的，組織的な進路指導を行うことである。高等学校には，さらにキャリア教育を推進することが加わっている。学校教育は，本来，意図的な教育を行っているが，ここで言う「計画的，組織的」に関しては，3学年間の在学期間を通じてという点が大切である。中学校は，一般的に普通教育を行うと考えられているために，学業の指導，つまり学習指導がもっぱらとなる。中学生の学校生活では，国語，数学などの教科の学習が中学校での生活の大半を占める。このため，個々の生徒が自分の将来の生き方を考え，進路を考える機会や時間はそれほど多くはない。この結果，学業成績の良し悪しが進路の選択や決定に大きな影響を及ぼすこと，すなわち難易度に応じた高校選択という批判や問題の指摘がある。こうした中学生の現状を考えると，学校や教師は，生徒の発達段階を考え，3学年間を通じて進路に関わる指導でどのような内容が必要になってくるのか，それをどのように組織立てるかを考えなければならない。最終学年になって，学級活動の時間に，高校訪問や大学訪問をする機会を設けるだけでは進路を考えさせたことにはならない。

　3つは，進路指導を学校の教育活動全体を通じて行うことである。この「教育活動全体を通じて行う」とは，どのような意味であろうか。たとえば，高等学校であれば，どの大学・学部を受験させるのかとか，どのような職種や規模の会社に就職させるのかという進路の選択や決定に関わる指導にとどまっていては十分ではないということである。もちろん，こうした指導も大切ではあるが，教育活動全体を通じて行うということは，教科・科目等の学習指導とも関連をもたせることを大切にすることである。自分の将来の生き方をよく考えさせ，教科・科目等の学習や学校での生活に目的意識をもって取り組ませることが求められている。

4 学級活動（ホームルーム活動）の実践に向けて

(1) 学級活動に充てる授業時数

　特別活動は，授業時数の中では，どれだけの時間を使用して実施されるのであろうか。生徒が目にする時間割では，どれだけの時間数を配当されているのであろうか。特別活動を含め各教科等の授業時数に関しては，学校教育法施行規則で定められているが，「特別活動」の標準授業時数は，中学校，高等学校ともに，各学年，年間35単位時間である。なお，週当たりに換算すると1授業時数（1単位時間は中・高校では50分）であり，この授業時数は，学校教育法施行規則によると，学習指導要領で定める学級活動（ホームルーム活動）に充てるものと定められている。したがって，「10分程度の短い時間」を単位として学級活動（ホームルーム活動）を実施し，標準授業時数に含めることは通常，考えられない。つまり，朝の会や終わりの会がこれに該当する。なお，生徒会活動および学校行事は，年間授業時数が定められてはおらず，各学校が適切な時数を定めているにすぎないのである。

(2) 指導計画

　学級活動を充実させるために，まず，必要になることは年間計画を立案・作成することである。学級活動は1年間に35単位時間が設定されている。毎週，1時間設定されているこの時間を利用して，指導内容をどのように計画し実施していくかである。中学校であれば，学級担任らが入学から卒業までの3学年間を見通して，学校の目標を達成するにふさわしい指導計画を立て，学年・学級の実態に応じて，創意工夫することが求められる。たとえば，表4-2の中学校の学級活動の年間計画表のように，である。この中学校では，各学年2～3学級の小規模校であるが，特別活動主任が中心となり，学年主任，学級担任らを加えて，年間指導計画案を作成して，学校の教育計画の中に位置づけている。各学級では，学級担任がこの年間指導計画と学級の実態を照らし合わせ，学級活動の時間の指導案を作成し，授業を進めている。

第4章 学級活動（中学校）・ホームルーム活動（高等学校）の特色

表4-2 年間計画表

月	1 年	2 年	3 年
4月	中学生になって 中学校生活・学習について 交通安全について	2年生になって 2年の学習について 係活動と集団生活	最上級生として 計画的な学習と規則正しい生活
5月	係活動への取り組み （学級，生徒会）	健康と安全 一人ひとりの責任と学校生活 合宿研修	修学旅行の意義 一人ひとりの責任と学校生活
6月	健康で安全な生活 校内音楽祭に向けて	集団生活の向上 校内音楽祭に向けて	将来の希望 校内音楽祭に向けて
7月	1学期の反省 夏休みの過ごし方	1学期の反省 夏休みの過ごし方	1学期の反省 夏休みの過ごし方
8月	平和学習 規則正しい生活	平和学習 規則正しい生活	平和学習 先輩の進路
9月	2学期の計画 集団活動への参加	2学期の計画 部活動のリーダーとして	自分の適性と進路 体育祭を自分たちの手で
10月	学習方法の確かめ 読書について レクリエーション	学習方法の確かめ 読書について レクリエーション	学習方法の確かめ 読書と学習 レクリエーション
11月	人権学習の取り組み 生徒会を考える 2学期の反省	人権学習の取り組み 生徒会を考える 2学期の反省	人権学習の取り組み 2学期の反省
12月	冬休みの過ごし方 冬の体力づくり 家族との対話を深める	冬の体力づくり 冬休みの生活	進路の選択 冬の体力づくり
1月	新年の抱負 自己を知る	上級生としての学校生活 生徒会の主役として	出願の手続きと進路決定 生徒会を育てる
2月	将来の夢と自分の進路	先輩の歩みと自分の進路	受験の心構え 卒業に際して
3月	2年生への心構え 卒業生を送る	最上級生への心構え 卒業生を送る	意義のある卒業式

（3）指 導 案

　次に，中学校の学級活動の内容の1つである「(3)学業と進路」の指導案（テーマ「働くことについて考える」）を，1事例として示しておこう。表4-3の指導案である。

表4-3 指　導　案

テーマ	『働くことについて考える』	
目　的	①世の中にどんな職業があるのかを知る ②自分を振り返り，自分の職業の適性について考える	
項　目	生徒の活動	留意事項
導　入 （10分）	・コンビニ弁当を作るのに，どれだけの人が関わっているかを考える	1つの材料，料理でも，いろいろな人が関わっていることに注目させる
	〈例〉　玉子焼き…養鶏場，卸売業，鶏のエサを作っている人，玉子を調理する人，配達業など…	
展　開 ①交流 世の中にはどんな職業があるのか ②自分を振り返る	・一日でどの位たくさんの職業の人々に世話になって生活しているかを考える 〈例〉　新聞：新聞記者，印刷業，新聞配達，テレビ：ニュースキャスター，マンガ家，声優，芸能人，学校の先生　など	毎日多くの職業の人の支えがあって生活していることに気づかせる
	・ワークシートに答えながら自分の職業の適性について考える Q1　自分の得意なこと，好きなことは何ですか Q2　自分の興味のある職業や自分が就きたい職業は何ですか	いくつかの例を出しながら
まとめ	・この時間に出てきた職業を参考にして，自分がどんな職業に向いているかを自分なりに考える	それぞれの職業について，どんな能力・資格などが必要かを例に出して考える材料を与える
今後の展開	・調べ学習（本・インターネット） ・インタビュー（保護者，地域の方など） ・講演 ・トライやるウィーク	

　なお，指導案に加えて，学級活動の授業の実施にあたっては，各教師は適切な資料を用意している。ここで示す資料（資料4-1）は，ある教諭が10年前に中学3年生の学級担任をしたときに担任した生徒たちが10年後にどのような進路を経てきたかを実際に調べ，それを10年後の学級活動の授業で生かしている貴重な資料である。

第4章　学級活動（中学校）・ホームルーム活動（高等学校）の特色

資料4-1　先輩達の歩んだ道…君はどんな道を切り開くのか

・ここにあげたのは，ある中学校の3年生1学級の人たちが卒業後10年間の歩みです。中3の時の希望通りに進んだ人や，いろいろな苦労を重ね自分の生きる道を求めている人たちがいます。君は中卒後，どんな道を切り開いていくのだろうか。君の将来の目標や進路希望を考えてみよう。

男子

	中学3年2学期の希望	16歳	17歳	18歳	19歳	20歳	21歳	22歳	23歳	24歳	25歳
A君	ポスター等のレイアウトマン	私立高校（普）			浪人	大学（商）				スーパーマーケット店員	
B君	調理師	公立高校（工）			化学薬品工場工員		専修学校	調理師見習		調理師	
C君	鉄道関係の仕事	公立高校（工）			電子関係工場工員						
D君	警察官	私立高校（普）			大学（法）				警察官		
E君	自動車整備士	機械工			店員（喫茶店）		塗装工			結婚	
F君	設計技師	私立高校（普）			専修学校（土木）			土木設計者（水道工事）				
G君	技術を身に付ける	公立高校（工）			大学（工）				機械関係技術者		
H君	小・中学校教師	公立高校（普）			浪人	大学（教育）				中学校教師（体育）	
I君	社会に役立つ人	私立高校（普）			浪人	市役所勤務				結婚	
J君	生物学を学ぶ	私立高校（普）			専修学校（電気）			電気機器メーカー販売員				
K君	カメラ屋	公立高校（普）			浪人	大学（商）				自動車販売社	
L君	得意な理科を生かしたい	公立高校（工）			電力会社（工事士）						
M君	電気機器の設計	公立高校（普）			大学（経）				事務機器販売社		
N君	まんが家	公立高校（工）進学	私立高校（普）			アルバイト			アニメーション		
O君	自動車のエンジニア	公立高校（工）			自動車整備士見習			整備士			
P君	お金の入る仕事	公立高校（普）			専修学校		整骨院			結婚	
Q君	外交官・商社マン	公立高校（普）			大学（経）				商社員		
R君	テレビのディレクター	公立高校（普）			大学（中退）			販売員（電気店）			
S君	ラーメン屋かパン屋	理容師見習		理容師					結婚		
T君	大工	私立高校（工）			建築士見習			建築士		結婚	

女子

	中学3年2学期の希望	16歳	17歳	18歳	19歳	20歳	21歳	22歳	23歳	24歳	25歳
Aさん	美容師	私立高校（普）			専修学校	美容師見習	美容師			結婚	
Bさん	劇団員か幼稚園の先生	公立高校（普）			短大（保育）		保母				
Cさん	親のない子の世話・保母	私立高校（普）			事務員（商事会社）			結婚			
Dさん	看護師	公立高校（商）			看護学校		看護師				
Eさん	体育教師	公立高校（普）			短大（体育）		体育講師			中学校教師（体育）	
Fさん	お店を持ちたい	専修学校		犬の美容師				結婚			
Gさん	普通の会社	公立高校（商）			タイピスト（建築会社）						
Hさん	小さいお店を経営	私立高校（普）			アルバイト		家事		結婚		
Iさん	海外旅行のコンダクター	公立高校（普）			短大（文）		旅行会社		結婚		
Jさん	食べ物屋さん	私立高校（普）			食品店（ケーキ）			結婚			
Kさん	平凡な家庭	公立高校（普）			専修学校（栄養）		給食センター栄養士		結婚		
Lさん	通訳	私立高校（普）			短大（文）		事務員（商社）		結婚		
Mさん	自分を表現できる仕事	公立高校（普）			大学（理学）				大学院		
Nさん	文章を書く仕事	私立高校（普）			短大（文）		アルバイト（喫茶店）		家事		
Oさん	外国で仕事	公立高校（普）			大学（経）				高校教師（社会）		
Pさん	人に必要とされる仕事	公立高校（商）			専修学校		事務員（商事会社）				
Qさん	簿記の仕事	公立高校（商）			銀行員						
Rさん	調理師か栄養士	公立高校（普）			短大（栄養）		栄養士（病院）				
Sさん	高校・大学へ進学	私立高校（普）			大学（家政）				家事	結婚	
Tさん	手に職をつけたい	専修学校（洋裁）			洋裁店				結婚		

参考文献

文部科学省（2008）『中学校学習指導要領解説　特別活動編（平成20年8月）』ぎょうせい。

文部科学省（2010）『高等学校学習指導要領解説　特別活動編（平成21年12月）』海文堂出版。

（南本長穂）

第5章

児童会活動の特色

　児童会活動は，中・高等学校の生徒会活動とともに，自治活動や民主主義の形を学校生活に反映させたものであると言える。子どもたちが民主主義の理念を学ぶということは，民主主義のしくみの中で自らの要求を実現していく過程で，その意義と重要性を身をもって体験するということである。

　それは，児童会活動の具体的な活動で大人のまねごとをさせれば良いということではなく，発達段階に応じてその本質を一つ一つ学び取らせていくということである。デューイの「なすことによって学ぶ」という経験主義に立ちながら，教師としては十分な意図をもって学習者の十全な学びを用意していかねばならないのである。

　教師が子どもたちに「自分たちだけの力で，ここまでやり遂げることができたんだ！」と感動をもって実感させたとき，その教師の指導は成功したと言って良い。ここでは，そのような成果をもたらす教育実践の理論的根拠は何かを明らかにしつつ，具体的な手立てを探っていく。

1 児童会活動の意義

　児童会活動は，子ども一人ひとりが学校生活を楽しく豊かなものにしようとする願いのもとに，学校生活上の諸問題を解決したり，組織をつくって仕事の役割分担をしたり，学校生活を楽しくする集会などを行ったりする活動である。

　何のために学校に行くのかと問われれば，「勉強するため」と答える。それ以外のものには価値を認めようとしない風潮があるが，学校には子どもたちの生活がある。この学校生活を楽しく充実したものにする教育が重要である。豊かな学校生活こそ，子どもたちに人間として人間らしく生きることのできる力を育てるのである。すなわち，「知・徳・体のバランス」（教育基本法第2条第2号）とともに，「知識・技能，思考力・判断力・表現力，学習意欲を重視し，調和的にはぐくむ」（学校教育法第30条第2項）教育の重要性を繰り返し確認していかねばならない。

　いじめ，不登校，校内暴力などが昭和の時代から社会問題化しているにもかかわらず，いまだに沈静化することなく，その解決の見通しすら立っていない。その原因の一つとして言えることは，世の中が成果主義に走り，学校教育についても成果を性急に求め過ぎていないかということである。保護者が学校教育の現状とその成果に目を向け，わが子により良い教育をと考えることは大切なことであるが，成果の見えやすい直接的，即効的な働きかけだけに偏ってしまっているのではないだろうか。

　児童会活動などのやりがいの大きい集団活動を通して，子ども自らチャレンジしたり，試行錯誤をしたりして，体験的に学ばせるスローラーニングが大切である。子どもたちの豊かな生活体験によってこそ，人間関係の形成力を形成し，その力によってよりよい人間社会を築くために自らを生かす人間を育てることができるのである。

（1）民主主義の基盤となる活動体験

　児童会活動・生徒会活動は，民主主義を基本とする社会理念に沿って，社会

を構成する人間一人ひとりに求められる資質，能力を育てる教育活動である。一人の人間が個人として大切にされ，人間らしく幸せに生きられるようにするためには，同時にその人間が社会の一員としてより良い社会を築くために力を発揮できるということでなければならない。このような人間観や社会観に立って，具体的，体験的，段階的に学ばせ，個性や社会性の育成を図ろうとする教育活動，それが児童会活動であり，生徒会活動である。

（2）異年齢集団による活動体験

　児童会活動は，特に異年齢集団活動としての意義が大きい。なぜなら，学級活動の同年齢集団活動を基盤として，異学年，異年齢の集団活動を意図的に体験させるからである。

　学校教育は，通常，同年齢の学年，学級集団で教育活動を行うことを基本とする。知的発達，身体的発達からみて，できる限り等質の集団により指導をすることが効率的，効果的であるからである。この事実は，どの子どもにも均等に教育の機会を提供するという面からも大きな役割を果たしている。

　ところが，学校を卒業して社会人となるや，異年齢集団が主となる。先輩に従い，後輩の面倒をみて，伝統を受け継ぐことなど，一般社会では当然のことが同年齢集団を基盤とする学校教育においては育ちにくい。異年齢集団活動を行う意義はここにあると言わなければならない。

（3）集団の力学による生徒指導の機能

　一般的に，集団は共通の目標を達成するために，話し合って役割分担をし，各自の責任を果たし実行していく。その過程の中で，お互いに良さを認め合い，集団への所属意識や連帯感が強固になっていく。このような過程の中で集団への愛着が生まれ，集団規範や集団文化を大切にしようとする気持ちが育まれるのである。

　学校においては，このような集団規範や集団文化に対する積極的な態度が，個性を伸長し，社会性を育む生徒指導の機能そのものを果たしていくことになる。児童会活動を中心とした学校という集団に育まれる規範や文化が，学校の

団結力となり，生徒指導に大きな役割を果たすのである。

2　児童会活動の目標と内容

（1）児童会活動の目標

児童会活動の目標は，小学校学習指導要領の平成20年版によって初めて明確に示され，次のように規定された。

> 児童会活動を通して，望ましい人間関係を形成し，集団の一員としてよりよい学校生活づくりに参画し，協力して諸問題を解決しようとする自主的，実践的な態度を育てる。
> （下線筆者）

学級活動の目標では，下線の部分が「学級や学校におけるよりよい生活づくりに参画し，諸問題を解決しようとする」となっているため，両者の目標は本質的には変わってはいない。いずれの目標も図5-1の構造で示される。

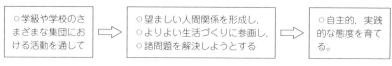

図5-1　児童会活動および学級活動の目標の構造

この目標の延長線上には何があるのであろうか。それは，人間として，社会の一員として，あるいは一市民として必要な力を身に付け，人間らしく生きるということである。今回の学習指導要領の改訂では，特に，道徳教育（道徳の時間ではない）に関して果たす特別活動の役割について，より明確に示されている。すなわち，本来，道徳教育と特別活動は，表裏の関係にあり，一体のものとして考えられるべきものである。したがって，特別活動のめざすものは，「平和で民主的な国家及び社会の形成者として必要な資質を備えた国民の育成」という教育基本法第1条の精神の根幹を担うものであると言ってよい。児童会活動は，その中でも特に集団自治への入口となる「自治的活動」の性格を強くもっている。

（2）児童会活動の組織と内容

小学校学習指導要領では，児童会活動の内容を次のように示している。

> 学校の全児童をもって組織する児童会において，学校生活の充実と向上を図る活動を行うこと。
> (1) 児童会の計画や運営
> (2) 異年齢集団による交流
> (3) 学校行事への協力

児童会活動では，まず全校児童による児童会を組織して，学校生活の充実向上のために話し合い，協力してその達成を図る活動を行うのである。児童会の構成員は1年生から6年生までの全校児童であるが，発達や経験の差に配慮して組織をつくる必要がある。したがって，児童会の計画や運営について話し合う代表委員会には，主に3年以上の学級代表および各委員会の代表が参加して行い，一般的には中・高等学校のような全校児童・生徒による総会は行わない。

次に，話し合いの決定に基づいて実行する組織として，実行委員会を立ち上げる場合もあるが，通常は各委員会が分担したり，代表委員会のメンバーやその執行部として設けられる運営委員会（計画委員会，評議員会等と呼ぶ地域もある）が分担したりすることが多い。

また，学校の日常的な生活を便利で楽しいものにする活動を分担処理するために，各委員会を組織する。委員会活動は，通常5，6年の全児童で分担し，学校生活を楽しく豊かにする創造的な活動や日々の教育活動に必要不可欠な当番的な仕事も活動に含めて実施することになる。

児童会活動の内容の(2)として挙げられている「異年齢集団による交流」は，全校児童集会等の集会活動として行われることが多い。しかし，兄弟学級，兄弟学年などの活動や全校縦割り班活動なども視野に入れて考える必要がある。この場合，児童会活動として児童の自発的，自治的活動が効果的に行えるよう配慮する必要がある。全校縦割り班活動については，第4節で改めて述べることにする。

最後に，児童会活動の内容の(3)として「学校行事への協力」が挙げられてい

る。これについては，児童会が，これまでも行われていた学校行事の計画の一部を担当したり，児童会の組織を生かして学校行事に協力したりすることなどが指摘される。つまり，学校行事への協力を通して，児童会活動の内容としてきちんと位置付けられたということになる。なお，これは中・高等学校に見られる生徒会と学校行事とのより密接な関係につながる前段階として理解しておくことも重要である。

3　児童会活動の組織づくりと活動の実際

（１）児童会の組織編成の指導

児童会活動の組織づくりについては，学校の規模や実態に応じて柔軟に対応するが，その際も児童の自発的，自治的活動が助長されるようにすることなどの基本をきちんと押さえなければならない。図5-2は12学級程度の中規模の小学校における児童会組織の例である。

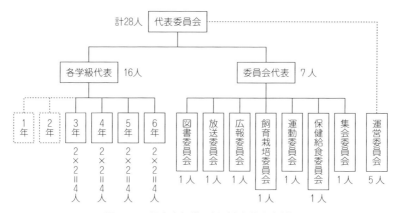

図5-2　児童会組織の例（中規模小学校）

① 代表委員会の構成と活動時間の指導の例

構成メンバーは各学級から2人ずつ選出された代表委員，各委員会の委員長，そして運営委員会のメンバーが出席する。この学校の場合，計28人が月1回，木曜日の放課後に集まって会議を開いている。代表委員会の会議の前には運営

委員会（計画委員会）を行い，代表委員会の計画を立てる。このときに教師の適切な指導や援助が行われることにより，児童の自発的，自治的活動が助長される。学級活動における計画委員会の指導と同様である。

運営委員会のメンバー（委員長1人，副委員長2人，書記2人）は各委員会とは別に選出されるのが望ましいが，便宜的には，各委員会と同列で選出し，各委員会の定例の活動日に平行して運営委員会を行うということがある。これは，児童会活動の時間として委員会活動のほかに代表委員会の時間を確保し，さらに運営委員会の時間を確保することが難しいという現状があるからである。ただし，委員会活動の時間に代表委員会を平行して開くことは避けなければならない。なお，運営委員会についてもほかの委員会と同様に，常時活動することが大切であり，学校生活上の改善点について情報収集を行うことなど，児童会の執行部としての活動が行われる。

② 各委員会の所属の指導

今年度の児童会の組織としてどの委員会を設置するかについても，基本的には児童の選択に任されるべき事柄である。したがって，前年度の3月には「来年度の委員会の組織は今年度と同じでよいのか」など，引き継ぎ事項として検討しておくと良い。

委員会は5，6年の児童で組織するが，その所属についてはできる限り児童一人ひとりの希望が生かされるようにすべきである。しかし，個人の希望を優先するだけでは，成立しない委員会が出る恐れがある。したがって，教師は，ある程度人数枠を設ける必要があることを理解させ，児童の納得のうえで所属指導と編成に入るべきである。

以下，委員会の所属指導の手順を例として示しておこう。

〈委員会の所属指導の手順　例〉
① 委員会ノート等により各委員会の仕事内容について事前に情報を提供し，高学年として全校児童のために仕事を受け持つことの意義と喜びについて理解させ，意欲をもたせる。
② 黒板に各委員会名と人数枠を書き，各自の希望する委員会にマグネット名札を貼る。

> ③ 希望人数の偏りを調整するため，希望する理由などについて話し合いを行う。6年では5年での経験をもとに，委員会ごとの特性も考慮させる。発言力のある者だけの希望が通るということにならないように，教師の適切な助言を行う。希望が重なった場合でも極力じゃんけんなどは避け，話し合いで決められるようにする。
> ④ みんなが納得いくようにするなど，全体的立場で考えた児童を評価し価値付ける。
> ⑤ 学級の代表として各委員会の活動に臨むよう心構えをもたせ，自ら新しい活動にチャレンジできるように励ます。

③ 児童会組織の任期と編成替え

代表委員会のメンバーの任期をどうするかについては，子どもたちの活動体験を深めることと体験を広げることとのバランスを考慮して行う。

各委員会活動の所属については通年制とする。一年間同じ委員会に所属することにより，仕事の内容がわかり，自主的に活動できるようになるとともに，新たな活動を工夫しチャレンジする余裕も生まれるからである。ただし，委員長や副委員長などの役割については，前期，後期の二期制とすることが望ましい。負担が偏らないようにすることと同時にできるだけ多くの児童にリーダーとしての体験をさせることが望ましいからである。

同様に，代表委員会の組織についても，各学級代表，委員会代表を改選し，前期，後期で交替する。したがって，運営委員会のメンバーについても，運営委員としての所属は通年制で変わらず，委員長，副委員長などの役職は前期，後期で交替する。児童会の代表者を議長，副議長と呼んだりする学校もあるが，議長（司会）は適宜交代できるようにした方がよい。大人のまねごとではなく，発達段階にふさわしい楽しい役割，名称を工夫したいものである。

（2）活動計画の作成と運営の指導

4月当初の委員会活動では，顔合わせと組織づくり，活動計画づくりを行う。おおむね下記のような流れで進めるとよい。

① 出席者名簿の確認と自己紹介。(3分)
② 委員会の概要説明と教師の期待，本日の流れについて話し，めあてをもたせる。（2分）
③ 委員長，副委員長，書記の選出についての説明と選出手続きを行う。(15分)
④ 前期の活動計画について話し合って決める。(10分)
⑤ 縦割りグループを編成して役割分担をし，明日からの常時活動に備える。(10分)
⑥ 委員会ノートに記入し，活動の振り返りをする。(5分)

　2回目以降の委員会活動では，出欠と活動のめあてを確認した後，常時活動の振り返りをして，諸問題を解決する話し合いや活動の工夫についての話し合いを行う。広報活動や情報収集活動などは，工夫次第でさまざまな活動の広がりが期待される。

　定例の委員会活動は，委員長，副委員長らが中心になって委員全員が主体的に進められるようにすることが大切である。活動の時間になってから「今日，何をするのですか？」などということがないように，活動の見通しをもち，各自めあてをもって活動に臨めるようにしたい。そのために，委員会終了後（当日または近日中）に，委員長，副委員長，書記と担当教師で次回の活動について打ち合わせを行い，今回の振り返りに基づいて活動計画を立てる。そして，委員会のメンバーにも活動の見通しをもたせるため，委員会の掲示板に次回の活動内容を掲示する。

　代表委員会の活動計画の作成は，各委員会と同様に児童会の運営委員会が行うが，活動計画の指導については次に示す通りである。活動計画の作成にあたっては，学校の指導計画との関わりを考えながら，可能な限り児童の発意発想を生かせるようにする。

(3) 代表委員会活動
① 活動計画の作成の指導
　代表委員会の活動計画については，学校行事などの伝統や校風と関わりが深いので，活動計画の立案を児童の発意・発想だけで行うことはできない。特別活動の全体計画に基づき，担当教師が大まかな年間計画を立て，児童の話し合

いによって年間の活動計画を立てる。1年間に代表委員会で取り上げる議題のうち，2～3の議題は，全校から議題収集をするなどの方法で決められるようにするため，空欄にしておく。また，議題の内容によっては，1回の代表委員会で2つの議題を取り上げることも考えられる。

② 役割分担と連絡調整の指導

　代表委員会の司会，記録などの役割については，通常は委員長，副委員長，書記などの運営委員が行うが，運営委員を輪番制にすることで成果を上げている実践もある。また，運営委員会に議題と関わりの深い委員会の代表を加えたり，代表委員会にクラブ長の出席を求めたりするなど，必要に応じて柔軟な連携を図ることが望ましい。

　代表委員会には，1，2年の代表は参加していないので，低学年各学級の連絡担当者を置き，連絡や報告にあたるようにする。また，可能ならば特別活動担当以外の先生方も代表委員会に参加をお願いし，様子を知ってもらうようにする。

③ 広報活動の指導

　代表委員会での決定事項は，できるだけ速やかに全校に周知するため次のような手だてを講じる。
　　○各代表委員および低学年の連絡担当者は，翌日の朝の会などの時間に口頭で伝達する。
　　○代表委員会担当の教師は，翌朝の職員朝会を活用するなどして，速やかに全員の教師に伝える。
　　○直近の児童集会や全校朝会の時間に代表委員会からのお知らせを伝える。
　　○「代表委員会だより」を作成し，全学級，全教師に配布する。
　　○放送委員会や広報委員会などが，必要に応じて代表委員会からのお知らせを行う。

（4）各委員会活動

　各委員会の活動は常時活動を中心として行い，月1回の委員会活動の時間には，常時活動の振り返りと問題解決，目標設定の会議を行う。各活動グループごとにめあてが達成できたのか，問題点は何かについて発表し，話し合って次のめあてを立てる。組織は，活動の内容にもよるが，5，6年縦割りの活動グループに分けて，仕事を交代で行うようにするとよい。

　活動の内容が学校生活上必要な管理的，当番的な仕事だけにならないように，これまでの活動例を参考にして，新しい活動にチャレンジさせるとよい。自主的，主体的な活動経験こそが社会参画への第一歩となるからである。

表5-1　活動内容の例

委員会名	望ましい活動内容例　（　）内は当番的な活動
図書委員会	学校図書館の広報活動，イベントの計画，（図書の貸出，本の整理）等
放送委員会	昼の学校放送計画・運営，（朝や帰りの放送，朝会などの機器操作）等
広報委員会	学校新聞の作成，掲示・広報の工夫，（校内掲示板の運営，美化）等
飼育・栽培委員会	動植物の飼育・栽培の計画・運営，（餌，水やりなどの当番活動）等
保健・給食委員会	健康・食育に関する広報，イベント計画，（保健室，献立表の当番）等
集会委員会	ショート集会の計画・運営，各委員会発表の運営，（学年発表）等
運動委員会	スポーツ集会・イベント計画，（体育倉庫の管理，ボールの管理）等
音楽委員会	うたごえ集会の計画・運営，（音楽朝会での伴奏，行進曲演奏）等
（運営委員会）	代表委員会の計画・運営，（学校行事への協力）等

（5）児童会集会活動

　全校児童集会は，朝の時間などに行うショート集会と，季節の行事などに合わせて1～2単位時間で行われるロング集会とがある。また，各学年ごとに学年児童集会や合同学年集会が行われることもある。次に挙げるのは，ある学校のある年の実施計画例である。

ショート集会	〔毎週木曜日の朝15分間設定〕　集会委員会担当の児童集会を月に2回，運動委員会のスポーツ集会を月1回，音楽委員会のうたごえ集会を月1回。
ロング集会	〔学期に2回程度計画〕　1年生を迎える会（4月），七夕集会（7月），子ども祭り（9月），開校記念集会（11月），6年生を送る会（3月），その他。

◆児童集会の目的意識を明確にする

　全校集会活動も児童会活動の一部であることから,「望ましい人間関係の形成, よりよい学校生活づくりへの参画, 協力して諸問題を解決」することを目的としている。児童一人ひとりが, 自分たちの学校生活を便利で楽しいものにしようと, 自ら工夫し, 児童会組織を活用して実現していく。一人の願いや希望について, みんなで話し合って計画し, 具体的に実行に移していく。このような自発的, 自治的活動の過程を集団の一員として共通体験することに意義がある。

　集会の形式としては, 遊びやレクリエーションの形式, 各委員会からのお願いやお知らせの形式, 活動状況の発表の形式など, 自由で豊かな活動形式が考えられる。各学校に属するそれぞれの児童会活動の組織から, 全校児童に直接働きかけができる場として, 柔軟に活用することが大切である。指導者は, 児童が計画したそれぞれの集会活動について, どのような教育的意義をもたせることができるか考え, そのうえで, 児童にはめあてをもたせ, 教師には何を育てるのか目的意識をもって臨めるようにするべきである。そうすることによって, 児童会集会活動の意義と成果は大きく変わるのである。

4　全校縦割り班活動

(1) 全校縦割り班活動の意義と課題

　小学校における縦割り班活動は, 少子化, 核家族化, そして地域での群れ遊びの衰退（毛利, 2007：2）を補完する形で, 昭和50年代から学校教育に取り入れられ始め, 現在では全国的に広がりを見せている。一方, 特別活動の児童会活動, クラブ活動, 学校行事では, 従来から異年齢集団の活動であることを前提としており, 平成11年版解説書で「異年齢集団による活動である」と改めて述べられ, 平成20年版学習指導要領で初めて児童会活動の内容として「(2)異年齢集団による交流」が明確にされた。しかし, 縦割り班活動の記述はない。全校縦割り班活動が広がっているものの, 特別活動として行うには, その特質を押さえたものにはなっていないということであろう。

まず成果が問われている現在の状況の中で，縦割り班活動を有効な教育活動として位置付けるには，活動成果を情緒的に捉え過ぎる傾向がある。必要とする授業時数が多い割には，活動の重要性を裏付ける根拠が明確ではない。そのような意味で，縦割り班活動はまだまだ課題の多い活動であると言わざるをえないのである。

（2）全校縦割り班活動の工夫

　それでは，どのような工夫が考えられるであろうか。はじめは，地域子ども会の班や集団登校班などを母体として出発した全校縦割り班活動であるが，最近では，1年生から6年生までを均等割にしたものも多く見られる。高学年のどの子どもにもリーダーの経験をさせたいとか，集団内の役割レベルに応じて自分なりの貢献を経験させたい，という意味で，相応の成果をもたらしているものと思われる。しかし，地域での生活に密着し，日常生活や将来の地域コミュニティのきっかけに結び付くという点で，地域割の班を用いる方が賢明であると考えられる。その際，集団の人数は12〜13人程度に抑えたい。6年生の班長，副班長が掌握できる人数はこれくらいが限度であるからである。

　また，活動の内容についてどのような工夫が考えられるであろうか。縦割り集会，縦割り遊び，縦割り清掃など，縦割り班を独立的に考え，活動を組織化している実践を見ることがある。しかし，従来の特別活動の中においても異年齢集団による交流を行える場面が用意されているので，新たな活動だけでなくこれらの実践を十分に活用していきたい。

　たとえば，全校児童集会の活動チームとして縦割り班を使ったり，学校行事において縦割り班を活用したりした活動など，従来の活動を充実させる観点で縦割り班を活用することで，その意義が達成されると考えられる。このように全校縦割り班を特別活動の一場面に活かす方向で考えた方が，異年齢集団による交流として，限られた授業時間を有効活用することになるということも知っておかなければならない。

参考文献

毛利猛編（2007）『小学校における「縦割り班」活動』ナカニシヤ出版。
文部科学省（2008）『小学校学習指導要領解説　特別活動編』東洋館出版社。

（上原行義）

第6章

生徒会活動の特色

　全員加盟を前提にして成り立っている生徒会であるにもかかわらず，昨今，「内申点稼ぎの場」だとか「学校の下請」「御用機関」だとかいう声も聞かれる。また役員のなり手が減って，存続そのものが危ぶまれる生徒会もあるという。生徒会活動の低迷は，そのまま自らの学習環境や生活環境についての，あるいは学校での諸活動についての中学生・高校生の無関心の結果である。生徒会は，生徒の意思を集約し，その実現を図ることを通して，よりよい所属集団づくりを学び，民主主義社会の基本的な価値や行動の規範を学ぶところであったはずである。

　生徒が無関心になっている生徒会とは，果たして生徒にとってどのような意味があるのであろうか。生徒会は，これからどこへ向って行けばよいのであろうか。民主主義の素養を養う場として期待されてきたはずの生徒会は，再び子どもたちの自治能力の形成の場になりうるのだろうか。またそのために何が必要となるのであろうか。

1 戦前の中等学校における校友会活動の特質

　戦前の中等教育機関（旧制中学校，旧制高等女学校など）や高等教育機関には，多くの場合，生徒の自主的な活動を組織した校友会組織（学友会，校友会などと呼んだ）があった。明治20年代になって，運動部の活動が盛んになるに従って各運動部が無秩序に乱立したため，学校内での組織的な調整や統一が必要となった。こうした状況を背景をもとに，運動部とさらには文化系の部とが統一組織を結成することになり，各学校で校友会が立ち上げられることになった。課外活動の活発化に加えて，生徒の風紀上の指導の必要もまた校友会結成の大きな要因であった。戦前の中等教育機関では，しばしば風紀のあり方が問題視され，この風紀の向上が学校当局の大きな課題であった。そのためには，教師による指導だけではなく，生徒同士の監視・指導体制をつくることが求められた。

　この校友会は，学校主体で成立したものが多く，生徒と教師から構成された場合が多かったが，中には卒業生も参加するものもあった。たとえば，1907（明治40）年，福岡市に創立された筑紫高等女学校の場合，創立直後から校友会（精華会）が創設される。大正元年の精華会を見ると，会員は特別会員（教職員），賛助会員（卒業生），通常会員（生徒）からなっている。目的としては，「会員相互の親睦及智徳体の修養を図る」ことを挙げている。会長は校長が務めるほか，副会長および五つの部（文芸，談話，音楽，礼法，体育）の部長もすべて教員が占めている。生徒は14名の委員が「通常会員中より互選したる高点者の中に就き会長之を定む」とされ，その役割は「部長の指揮を受け各部所属の事務を管理す」るものとされていた。

　筑紫高等女学校に見られるように，各部の部長に類する役職は教師が就任し，生徒委員は部長の監督下で事務を掌るという規定が，ほとんどの中学校や高等女学校の校友会規定に盛り込まれていた。生徒委員は生徒の選挙によるとする選出規定は多いが，校友会の役員は多くの場合，教員のみで占められている。

　また，多くの中学校，高等女学校では，校友会雑誌を発刊し，生徒の創作や

エッセイ，あるいは学校行事の記録などを掲載していた。こうした校友会雑誌についても，教師による検閲が前提とされるなど，生徒の自由な活動は保障されていなかった。

こうした校友会ではあったが，生徒自治はまったくなかったわけではない。それが顕著に見られるのは，規律違反に対する生徒からの制裁である。すなわち，校友会の生徒役員（たとえば「週番」など）によって，学校の秩序を維持すること，違反した生徒に対して上級生などから懲罰を加えることがしばしば行われ，こうした行為を生徒の自治と考える風潮が強かった。すなわち，自治といっても，学校が管理をする代わりに生徒が集団で管理をするだけのことであった。しかもこうした生徒による秩序維持は，上級生による「鉄拳制裁」のような暴力的行為を引き起こすことにもなった。その意味では，生徒自治とはかけ離れた学校の管理の下請けを「自主的」に行っているだけに過ぎなかった。

その一方では，校友会の枠をはみ出たところで，生徒の自主的な活動が行われた例も多かった。これらの自主的な活動が校友会や学校当局と衝突して，生徒の同盟休校といった学校紛擾へつながったこともあった。

2　学習指導要領の変遷に見る生徒会活動の変化

(1)『アメリカ教育使節団報告書』

戦後の日本の民主化を使命として1945年3月に来日し，短期間で日本の教育の現状と問題点を把握したアメリカ教育使節団は，その報告書の中で現在に至るまで影響を残すいくつかの提言を行った。

その中の一つ「社会参加」については，「民主主義的な姿勢は，民主主義的な行動の経験によって学ばなければならない。（中略）民主主義的な共同生活に参加するための訓練は，集団での審議の過程や，指導者の選出と指導性の行使や，異なった意見の寛容な受け入れなどにおける経験を必要とする」（村井実訳）と述べ，民主主義社会での基本を学ぶために「社会参加」が求められていた。

また「公民教育における教授実践上の提案」においては，公民教育によって

得られた知識を活かすために，次のような提案を行った。

> 簡単な型の組織を作り，柔軟性のある委員会を企画し，そこで，たとえば学校の外観をよくしようとか，健康状態を向上させようとか，娯楽施設を拡張しようとか，(中略) 新入生歓迎会をしようとか，特別の同好会をもっと増やそうとか，そういったいろいろな問題について討議したり，それらについての解決策を見つけ出したりすることができる。学校によっては，選挙によって選出されたクラス代表あるいはグループの代表が，生徒会を組織して活動することも期待されよう。こうした生徒会は，明らかに生徒の利害に関わる事柄をつかさどる統治機関としての権限の範囲内で，教職員に示唆や勧告を行なってその考慮をうながすという活動をするであろう。
>
> （村井　実訳）

ここに挙げられた生徒会活動は，戦後の民主化のために子どもたちに民主主義の経験を積ませることを目的として構想されている。

（2）中学校学習指導要領における生徒会活動の変遷

こうした生徒会活動の認識は，1951（昭和26）年版学習指導要領にも反映している。そこでは，「生徒会は，生徒を学校活動に参加させ，りっぱな公民となるための経験を生徒に与えるためにつくられるものである。生徒は，生徒会の活動によって，民主主義の原理を理解することができ，奉仕の精神や協同の精神を養い，さらに団体生活に必要な道徳を向上させることができるのである」と位置付けている。ここでも，「公民」形成の一貫として「民主主義の原理を理解」するための方法としての生徒会活動の性格は明らかであった。

一方で，「この生徒会は，生徒自治会と呼ばれることがあるが，生徒自治会というときは学校長の権限から離れて独自の権限があるかのように誤解されるから，このことばを避けて生徒会と呼ぶほうがよいと思われる。この生徒会は，一般的にいうと学校長から，学校をよくする事がらのうちで，生徒に任せ与えられた責任及び権利の範囲内において，生徒のできる種々な事がらを処理する機関である」，という文言に，生徒会の自治の限界を見ることができる。あくまで，学校の管理内における自治であって，学校と対等，対立するものとは想定されていなかったのである。

この規定は、1968（昭和43）年版学習指導要領になると、特別活動の全体目標の一つに「自律的、自主的な生活態度を養うとともに、公民としての資質、特に社会連帯の精神と自治的な能力の育成を図る」という文言が残るものの、生徒会活動の内容については以下のように変わっていく。

> 生徒会は、全生徒をもって組織し、生徒の学校生活の改善と向上を図る活動および生徒活動における他の諸活動間の連絡調整に関する活動を行なうこと。
> （中略）
> 生徒会活動においては、生徒会の健全な運営により、全生徒が進んで参加し、個々の生徒のもつ問題や意見を適切に反映し、学校生活を楽しく規律正しいものにするとともに、よい校風を築く活動となるようにすること。

ここには、戦後日本の民主化をめざして民主主義社会を構成する公民を育成するという目標はまったく消えている。また、学校と生徒が対等に向き合うことも予定されていない。「規律正しい学校生活」「よい校風」という文言には、生徒が自ら置かれた状況へ批判的な意見集約をすることなどもおそらく予想されていない。学校と生徒が、生徒会は「教師の適切な指導のもとに」、学校の諸活動や行事の運営をスムーズに行うための下請機関としての性格を強めていったのである。

1977（昭和52）年版の学習指導要領になると、特別活動の目標から「公民としての資質」や「自治的な能力」の文言が消え、生徒会についても「生徒会は、学校の全生徒をもって組織し、学校生活の充実や改善向上を図る活動、生徒の他の諸活動についての連絡調整に関する活動及び学校行事への協力に関する活動を行うこと」と変わっていく。ここまでくると、生徒会は完全に学校の下請機関となったと言えよう。生徒会に与えられた役割とは、生徒の諸活動の「連絡調整」か「学校行事への協力」に限定されている。生徒会の「自治」とは、管理された中での「自治」に過ぎなくなってしまったのである。

1998（平成10）年版まで、ほぼこの基本線は変わらなかった。98年版の最後に「ボランティア活動などを行うこと」が加えられたに過ぎなかった。

2009（平成21）年版学習指導要領では、生徒会活動の目標は、「生徒会活動を

通して，望ましい人間関係を形成し，集団や社会の一員としてよりよい学校生活づくりに参画し，協力して諸問題を解決しようとする自主的，実践的な態度を育てる」，となっている。内容としては，(1) 生徒会の計画や運営，(2) 異年齢集団による交流，(3) 生徒の諸活動についての連絡調整，(4) 学校行事への協力，(5) ボランティア活動などの社会参加，が挙げられている。

　この新たな学習指導要領の特徴は，特別活動の目標に「人間関係」が加えられたことである。生徒会活動に関する記述にも，「生徒会活動を通して，望ましい人間関係を形成し」とあるように，従来なかった「人間関係」づくりが「集団や社会の一員」の文言より先に規定してある。『中学校学習指導要領解説 特別活動編』の「改善の基本方針」を見れば，「…特別活動の特質を踏まえ，特によりよい人間関係を築く力，社会に参画する態度や自治的能力の育成を重視する」とあって，特別活動の基本方針が生徒会活動と同じ構造であることがわかる。新指導要領全体を通して「人間関係」が強調されている点に新指導要領の大きな特徴がある。特別活動および生徒会活動においても例外ではないのである。ケータイ（携帯電話）に見られるように，昨今の中・高校生の人間関係作りの未熟さは指摘されるべき現象である。そうした問題状況を受けて，新学習指導要領が登場したと言えよう。

　確かに，人間関係づくりの能力の育成が喫緊の課題であることは誰しも疑いのないことではあろう。生徒会活動の本旨であった公民的資質形成を後退させかねない改訂に疑問も沸く。特別活動の中でも生徒会活動はとりわけ公民的資質の育成に直接関わる分野であるにもかかわらず，個々の生徒の道徳教育的内容を前面に出すことは，生徒会活動の意義そのものを矮小化しかねないと言えよう。

3　生徒会活動の現状と課題

　これまで見てきたように，生徒会には大きく分けて二つの機能に大きな期待が寄せられてきた。一つは，学校行事などの円滑な運営などに現れる執行機関的機能，もう一つは，生徒の意見を集約し自らの見解を明らかにする意見集約

機能である。「下請け化」批判は、生徒会が前者の機能を果たすのみで、後者の機能を果たさないことへの批判でもある。以下、そうした生徒会の現状と課題について検討してみることにしよう。

（1）自由からの逃走

　特別活動全体を通してその中核となるのは、生徒による自治的活動の経験である。生徒自ら意見を表明し、それらを集約して意思を決定し、その決定に従って行動する。これが生徒の自治活動である。その中心となるのが生徒会活動であるし、その基盤となるのが学級活動である。子どもたちは、学級活動や生徒会活動を通じて自治を学び、民主主義社会の主体としての訓練を積むのである。

　しかしながら、近年「指示待ち人間」が増えたという指摘にみられるように、自らの意思をもたず周囲に流されている人々が増えている。他者からの指示がないと何もできない、何も決められないのである。それはまた、自己決定を忌避する心性とも言える。

　こうした自己決定ができない生徒たちが問題とされる背景には、学校側の行き過ぎた管理主義体制が挙げられよう。自己主張せず、管理されるままに他者の決定に諾々と従うことが「ラク」であるという心性が、子どもたちの間に浸透して来た。その大きな契機となっているのが、中学校や高等学校での校則である。小学校までは多くの学校に校則はない。服装も自由である小学校の方が多いし、また一つ一つの行動や持ち物まで規制されることは小学校ではほとんど見受けられない。しかるに、中学校に入学したとたん、制服を着用するよう求められ、髪形、髪の色、靴、靴下の色やデザイン、外出時の許認可まで、ありとあらゆるものに校則という拘束がかかってくる。

　たとえば、「なぜ制服を着るのか」という問いには、さまざまな答え方が用意される。学校・教師側の有力な意見は「管理がしやすい」ことである。一方、生徒の側にも制服を求める意見がかなり有力である。「かわいい」「中学生らしい」といった意見とともに、「何を着ていくか考えなくてよいのでラク」という意見は相当多い。この「ラク」さは、言い換えれば、自己表現と、それに付

随する自己選択・自己決定を迫られないこと，他者の決定に依存して生きることの「ラク」さである。

中学生という時期は，周知のように，自我形成期としてきわめて重要な時期であり，性へのめざめなど不安定な精神状態である。この時期に，他者の目を意識しなくて良いように同じ服装をさせることは，生徒管理のうえでは有効であろう。しかし，自我形成期であるということは，自分らしさを追及する時期であるとも言え，子どもたち一人ひとりが初めて自分と向き合う時期でもある。自分らしさを追及することを通して，自らの個性に磨きをかけるはずの年齢段階において，画一的な制服を身にまとい，自己表現しない方が「ラク」と思うほどまで管理してしまっている現在の中学校・高等学校は，果たして子どもの自立について，どのように考えているのであろうか。

あまりにも細部にわたっていたり画一的であったりした校則については，90年代後半に見直しが叫ばれ，当時の文部省までが校則の見直しを各学校に要請するまでになった。こうした動きの中で，全国各地で校則の見直しが行われた。そうした動きの中で注目すべき動きが各地で見られた。校則のもつ非合理性や非教育性を問題にした教師や保護者が，生徒会に校則の見直しを求めたところ，既存の校則よりもさらに厳しいものを作ってきたのである。なぜ生徒会は，校則の見直しという流れに逆行して，より厳しい規定を作ろうとしたのであろうか。

そこから見えてくるのは，管理されることに慣れ，自己決定から逃げてしまう生徒たちの姿である。こうした「自由からの逃走」は，自由を使いこなせない子どもたちの現実にほかならない。さらに言えば，管理されることに慣れているだけでなく，むしろ管理したがる傾向もそこには指摘できるであろう。生徒会が，校則見直しを「厳格化」にとらえたのは，そうした傾向に乗って，自らを管理機関化としていることの反映である。

一方で，教師側も管理することに慣れてしまい，生徒の自主性を育てることに鈍感になっている事例も見受けられる。たとえば，生徒会役員選挙に学校側が過剰な干渉をしたのではないかと問題になった事例があった（長崎新聞08年1月23日）。事前に学校側が立候補者をコントロールして，選挙結果にも介入し

ていたという。そこに見えるのは、生徒を信頼できない教師たちと、信頼できるまでに育てきれていない教育の現状であろう。

　生徒の自己主張の観点からすれば、児童の権利に関する条約は見過ごせない内容を含む。児童の権利に関する条約が制定され、ようやく批准されたのは1994年のことである。条約の第12条には、子どもの意見表明権が次のように明記されている。

> 第12条　締約国は、自己の意見を形成する能力のある児童がその児童に影響を及ぼすすべての事項について自由に自己の意見を表明する権利を確保する。この場合において、児童の意見は、その児童の年齢及び成熟度に従って相応に考慮されるものとする。
> 　　　　　　　　　　　　　　　　　　　　　　　　　　　（外務省訳）

　この第12条の最後の「相応に考慮される」部分は、英語では being given due weight となっており、ほかの訳では「正当に重視される」（国際教育法研究会訳）と訳される。この訳の違いに、外務省をはじめとして政府の本条への後ろ向きの姿勢を垣間見ることができる。

　ところで、以上のように、子どもの固有の権利として明記されている子どもの意見表明が、多くの学校で保障されていないどころか、子ども自身がその権利を放棄しているのではないかと思われるのが実態ではなかろうか。自由や権利を使いこなすこと、あるいは組織や集団の意思決定に参加しようとする意欲は、民主主義の根幹であるはずである。そのような意欲をもつようになるためには、自由や権利が保障されてよかった、意思決定に参加できてよかったということが体感できるような学びの場が必要なのである。

　その学びの場こそ、学校においては、何をさておいても、生徒の学校生活の基盤である学級であり、生徒会ではなかろうか。特に、生徒会においては、役員の選挙や諸組織などを通して生徒の意見を集約する機能が期待されていることから、重要な役割を負っているのである。

（2）"憲章"をつくった生徒会

　さまざまな要因から、若者の社会への不満が噴出し、大学で学生運動が盛り

上がりを見せた1970年前後において，高校にもその波は押し寄せた。管理され，平準化されてきた学校教育への反発が，高校生の運動となって各地でさまざまな展開を見せていた。そのようななか，1970年に埼玉県立川越高校において，次のような生徒憲章が採択されている。

> 　私達はあらゆる問題を真剣に考え，社会に対し広い視野と正しい判断力を養い，それらを基礎にした自主的民主的活動を通して，私達の人間性を高めることが高校生活における重要な目標の1つであると考える。この観点から自主的民主的活動の制限は私たちの目指すものと背反するものであると考え，私達は今後あらゆる表現の自由と，自主的民主的活動（政治的活動を含む）の自由を保証し，それらを健全で有意義なものに高めていこうとする努力を通して，私達自身の人間形成をはかっていくことに意見の一致を見た。私達はここに「生徒憲章」を制定し，この目標を達成する決意である。
> 第一条　あらゆる自主的民主的活動（集会への参加，その開催，サークルの結成，その他）の自由を保証する。
> 第二条　掲示，印刷物の発行，配布などのあらゆる表現の自由を保証する。
> 第三条　服装については個人の自由意思に任せる。

　この憲章の背景には，1970年前後の高揚した政治情勢の雰囲気の存在を否定することはできない。ベトナム戦争の激化と反戦運動の盛り上がり，国内では公害問題の深刻化など，高校生が社会への関心を否が応でももたざるをえない状況であった。そうした状況下で，社会に対して自らの意見を表明しようとする高校生たちが，高校における表現の自由を求めて運動することは必然であったと考えられる。その拠り所となったもの，それが生徒会であったのである。
　その後，川越高校生徒会は，1986年7月には，以下のようなモラル宣言を行っている。

> 　私達は先に，自主的民主的な高校生活を目指して生徒憲章を制定し，それに「自主」を基礎にした人間性豊かな学校生活を築きあげる決意をあらわしました。この理想の実現は自由を活用していく私達一人一人の自覚と努力のもとに達成されるものであり，我々はここに明確なる態度をもって学校生活のモラルに関する宣言をし，日常的な努力目標としていく姿勢を打ち出していくものである。

> 1．学校，生徒会行事に対して個々人が目的をもって取り組む。
> 2．生活環境改善の為，下履きと上履きの区別や清掃等，各自の自覚のもとに実行していく。
> 3．登下校時の交通に関しては，個々の良識にまかせるものであり交通ルール等，社会的道徳は自発的に守るよう意識していく。

　この「生徒憲章」と「モラル宣言」の間に横たわる16年間の差は，非常に大きいと言わざるをえない。70年に，大きなうねりの中で生み出された「生徒憲章」ではあったが，16年間の時間の流れの中で高校生の社会への関心が減退し，生徒会への参加意識が薄まったことへの危機意識が，そこには読み取ることができる。さまざまな葛藤を乗り越えて獲得したはずの「自主」「自由」が，「この理想の実現は自由を活用していく私達一人一人の自覚と努力のもとに達成されるもの」であると確認する必要が出てきたのである。自治というものが，参加があって初めて意味あるものとなることが確認されなければならないほど，生徒会や自治活動への関心や参加が危惧されたのではないだろうか。管理されることを拒否し，自主的に運営するためには，厳しい自己管理能力が必要であることを生徒自ら宣言せざるをえない状況が垣間見られる。

（3）"憲法"をつくった生徒会

　川越高校の「生徒憲章」が，1970年代の学生運動の影響を受けた高校生の意見表明だとすれば，その次に来る生徒会活動の問い直しは，90年代後半の校則見直しの文脈から現れてきたものである。
　厳しすぎる校則，無意味な校則などが，学校の「行き過ぎた管理主義」への反発と相俟って，校則見直しが大きな話題となった90年代に，生徒会が中心となって自らの規範を作る学校が現れた。たとえば，長野県松本美須々ヶ丘高校生徒会は，96年8月の文化祭で，以下のような5カ条の松本美須々ヶ丘高憲法を制定した。

> 第一条　自由に甘えず，自由を育てよう

> 第二条　人に左右されずに「自分」を精いっぱい表現しよう
> 第三条　クラブも授業も真面目に参加し，自分で自分を鍛えよう
> 第四条　クラス，学年にこだわらず，助け合い協力しよう
> 第五条　購買のおばちゃんに感謝しよう

　この「憲法」を川越高校の「生徒憲章」と比べれば，その内容の差は歴然としている。第四条や第五条には，周囲の人たちへの配慮や感謝が謳われるなど，生徒の生活現実から派生した「憲法」であることをうかがわせる。

　この「憲法」で注目すべきなのは，第一条の「自由に甘えず，自由を育てよう」であろう。自由とは好き勝手と同義語ではないが，生徒の中には「何をやってもよい」と理解する者が現れるのは，当然の結果であろう。それに対して，この憲法では「何をするのか自分の責任で決める」自由の大切さを明確にしたとされる（「信濃毎日新聞」97年5月12日・朝刊）。自由には責任がともなうことは，論理的には当然のことである。しかし，責任論は一方で自由を制限する論理にもなりかねない。責任を負えないなら自由を制限されても仕方ないという論理に結び付く危険性にも十分に配慮しなければならないのである。子どもたちは責任を負える立場ではないが，将来の公民として自由を使いこなせるだけの経験を積む必要も，一方にはあるのである。その経験を積む機会が，責任論によって必要以上に制限されるべきではないのであろう。

　松本美須々ヶ丘高校では，入学式に生徒会が初めて運営に加わり，「入学式改革」を行った。それは，それまでの入学式の儀式色を薄めるものとなった。ささやかな成果ではあるが，生徒の意識が変わったことを示していると言えよう。

（4）校則を自分たちで改めた中学校生徒会

　小樽市の長橋中学校では，2006年に生徒自らの力で「長橋中学校生徒憲章」を完成させた。

> 　　　　　　　　　　長橋中学校生徒憲章
> 　私たちは，規則改正について話し合った結果，自分たちで一から決めるべきだとい

> う結論に至りました。誰かに与えられた規則ではなく、みんなで協力し自分たちでつくった規則を、高い意識を持ち、守っていくことで、みんなが成長し、判断力を高め、自分の行動に責任を持つことができると考えたからです。
> ◎私たちは、健康や安全を第一に考え、生活していきます。
> ◎私たちは、みんなにとって自由で快適な学校となるように、自分の権利を大切にするとともに、他の人の権利についても、尊重していきます。
> ◎私たちは、互いに高め合い、みんなでより良い学習環境づくりに努め、あらゆる学習を大切にしていきます。
> （北海道新聞06年12月4日）

　長橋中学校では、この憲章づくりを土台に生徒自身の手による校則の見直し作業が進められていった。校則見直しの作業の中で明らかになった課題は、この取り組みを行った生徒たちが卒業後、その意識を絶えず自分の問題として認識し続けたことである。校則改正や憲章制定時の熱意や問題意識が継承されず、自由な状況が所与のものとなってしまった状況では、自由は単なる「わがまま」や「身勝手」に陥りやすい。自らつくったルールに関心を失ったときこそ、生徒の自治能力が問われることになる。

　同じ小樽市内の向陽中学校では、1996年から服装の自由化に取り組んだ。発端は、1989年に生徒の中から服装を含む校則の見直しを求める意見が出たことにある。服装に関する細かい規定を含めて約70項目の校則について、生徒たちは見直しに取り組んだものの、議論はうまく進まなかった。それでも生徒の自主性を尊重し続けた教師たちの支援もあり、試行を経て、96年には服装の自由化に踏み切っている。保護者の中には、自由化に慎重な意見も多かったが、最終的には生徒の自主的な取り組みを認めた。

　こうした生徒の自主的な取り組みによる校則の見直しには、大きな課題が残されている。多くの場合、校則見直しの過程を経験した生徒たちは、自らが獲得した自由や自治の重みを十分に理解しているために、その自由の使い方は自制的である。しかし、入学した時点から自由である生徒にとって、自由は所与のものであって獲得したものではない。自由を獲得した過程の記憶が風化して、その価値を十分に理解していない生徒だけになった時点で、初めて真価が問われることになるのではなかろうか。

4　生徒会の自立的・自主的活動が生徒を育てる

　北九州市立湯川中学校では，試行期を経て，97年4月から服装を完全自由化した。発端は校長の発案で，生徒や保護者からの自発的な提案ではなかった。管理的発想に疑問を感じた校長の提案であった。教師側から「生徒会も新しい校則案を作ってみては」という提案に，それまで以上に厳しい校則案を作るほどに，生徒は管理されることを当然と思っていた。そこには，突然与えられた自由を使いこなせなくて戸惑っている生徒の姿があったのである。

　服装が自由化されて以降，生徒の自主性や自立性が育ったのを見た学校は，運動会の企画・運営を，生徒会を通して生徒に受け持たせるようになった。多くの中学校では，教師が企画し，生徒会がその運営がスムーズになるように下請け的に参加するのが通例である。しかし湯川中学校では，生徒主体の運動会に踏み切ったのである。生徒主体の運動会運営は，教師が主導するのに比べて手間も時間もかかることは事実であるが，そのことを承知のうえで教師たちはあくまで側面支援にとどめた。その結果，生徒たちは得がたい達成感と自信を得ることになった。

　「生きる力」が教育目標に掲げられてすでに久しい。そこに掲げられる「自ら課題を見付け，自ら学び，自ら考え，主体的に判断し，よりよく問題を解決する資質や能力を育成する」ことに，学校がどれほどの熱意をもって取り組んでいるのであろうか。中学生や高校生という，自立期の子どもたちに，どれくらい自ら判断できるような場を設定することができているのであろうか。失敗やつまずくことを恐れ，あらかじめ敷いたレールの上を間違いなく歩ませることに熱心な教育からは，結局，自らを管理することができない，「指示待ち人間」を作り出すだけになってはいないだろうか。規則や型にはめた行動様式によって秩序を維持しようとする教育で育てられた生徒は，いざそうした枠から解放されたとたん，自らの足で歩むことを躊躇せざるをえないのではないだろうか。生徒を，主体性をもった一人の「大人」として扱うことによって，生徒は「大人」になるのである。同じく「学校社会」を構成する「市民」として扱

うことで，「市民」としての資質を身に付けるのである。

　生徒会は，学校という生活の場で，生徒自ら課題を見つけ，判断し，行動することを学ぶ絶好の機会を提供している。その意味で，生徒会は「生きる力」を育む参加体験型学習を提供しているのである。あとはそれを生かすかどうかにかかっているといっても決して過言ではないであろう。

参考文献

市山雅美（2003）「旧制中学校の校友会における生徒自治の側面——校友会規則の分析を中心に」（『東京大学大学院教育学研究科紀要』第43巻）。

村井実訳（1979）『アメリカ教育使節団報告書』講談社学術文庫。

宮下与兵衛（2004）『学校を変える生徒たち——三者協議会が根づく長野県辰野高校』かもがわ出版。

坂本秀夫（1994）『生徒会の話——生徒参加の知識と方法』三一書房。

所沢高校卒業生有志（1999）『所沢高校の730日』創出版。

　　　　　　　　　　　　　　　　　　　　　　　　　　　（木村政伸）

第7章

クラブ（部）活動の特色

　本章のタイトルからもわかるように，しばしばクラブ活動と部活動とは同一のくくりで語られる。実際にクラブ活動と部活動には共通点が多く，大いに関連のある活動であるが，一方ではまったく別の要素をもった活動でもある。

　クラブ活動と部活動との最大の共通点は，異年齢の子どもたちが自分の興味関心に基づいて集い，活動を行うという点にある。

　他方，両者の大きな相違点は，以下の2つであると言える。1つは，実施する学校段階が異なる点である。つまり，クラブ活動が小学校で行われるのに対し，部活動は主に中学校と高等学校の生徒を対象としている。もう1つは，クラブ活動が学習指導要領で規定されているのに対し，部活動は規定されていないことにある。具体的には，クラブ活動は学校での教育活動の一環（教育課程内）として適当な活動時間を充てることとされているが，部活動は児童・生徒の自主的な活動（教育課程外）とされ，明確に定められていない。

　多くの共通点と相違点をもっているクラブ活動・部活動とは一体どのような活動なのであろうか。

　本章では，まずクラブ（部）活動の意義や歴史をおさえたうえで，教員の指導や運営に焦点をあてた実際のクラブ（部）活動を紹介したい。さらに，学校現場の状況を踏まえ，今後のクラブ（部）部活の方向性と課題について取り上げたい。

1　クラブ（部）活動の意義と歴史

（1）クラブ（部）活動の意義

　クラブ活動は，異年齢の子ども集団が各自の興味・関心をもとに行う活動である。通常，学校での教育内容は学習指導要領によって規定され，活動はクラス単位または学年単位と，同一年齢に限定されることが多い。そのような現状の中で，学年の違う子どもたちが，自分の興味や関心に沿って活動を行う場として，クラブ活動が設定されていることの意義は大きいといえるだろう。

　現在，学習指導要領の中で「特別活動」にクラブ活動を定めているのは小学校だけである（中学校・高等学校では廃止された。詳細については，（2）クラブ（部）活動の歴史を参照）。小学校の学習指導要領では，クラブ活動の目標について「クラブ活動を通して，望ましい人間関係を形成し，個性の伸張を図り，集団の一員として協力してよりよいクラブづくりに参画しようとする自主的，実践的な態度を育てる」こととしている。その内容は，「学年や学級の所属を離れ，主として第4学年以上の同好の児童をもって組織するクラブにおいて，異年齢集団の交流を深め，共通の興味・関心を追求する活動を行うこと」とされており，教員の適切な指導のもとに，児童を主体とした3つの活動，すなわち(1)クラブの計画や運営，(2)クラブを楽しむ活動，(3)クラブの成果の発表，が行われる（文部科学省，2008『小学校学習指導要領　第6章　特別活動』）。

　他方，部活動は子どもたちの自主的・自発的な活動であるという点に大きな意義が認められる。部活動に積極的に励む子どもは，学校生活におけるその他の活動にも熱心に取り組むという調査結果が示すように（西島，2006：35-37），部活動は学校生活全体に活気を与える要素となりうるのである。

（2）クラブ（部）活動の歴史

　ここでは，クラブ活動の学習指導要領における位置付けの変化を追うとともに，クラブ活動と部活動との関連を解説していこう。

　クラブ活動は，1947（昭和22）年の『学習指導要領・一般篇（試案）　第三章

教育課程』における「自由研究」にその起源をみることができる。同学習指導要領において「自由研究」は，小学校では4年生以上を対象とし，中学校では選択科目の1つとして設定された。ただし，「教科外活動」との位置付けからカリキュラムの中に組み込まれることはなく，活動時間は授業以外の放課後とされた。教科学習の時間の中では伸ばしきれなかった児童・生徒一人ひとりの個性を育むことがめざされ，教科学習を発展させる自由な学習，当番や学級の委員としての仕事とともに，クラブ組織による活動が想定されていた。

特にクラブ組織による活動に関しては，「児童が学年の区別を去って，同好のものが集まって，教師の指導とともに，上級生の指導もなされ，いっしょになって，その学習を進める組織」（文部省，1947『学習指導要領・一般篇（試案）第三章　教育課程』）が想定されている。クラブ組織による活動の理念は，教員の指導を受けつつも，児童・生徒たちの興味や能力に応じた自主的な活動として，今日まで引き継がれている。しかしその位置付けは，大きく変化していった。

大きな転換となったのは，1958（昭和33）年の学習指導要領改訂時である。それまで「教科外活動」と位置付けられ，厳格な規定がない状態であったクラブ活動に関して，その目標や内容，指導計画作成および指導上の留意事項が初めて示されたのである（文部省，1958『小学校学習指導要領　第3章　道徳，特別活動および学校行事等　第2節　特別教育活動』）。この事実は，クラブ活動が教育課程の中に組み込まれたことを意味する。

さらに，1968（昭和43）年の学習指導要領改訂において，クラブ活動は，小学校では4年生以上の児童を対象に毎週1単位時間実施することが望ましいとされ，中学校（1969（昭和44）年改訂）では「毎週，適切な時間を確保するように配慮すること」が求められ，さらに高等学校（1970（昭和45）年改訂）では「原則として，各学年において週当たり1単位時間を下らないものとする」とされた。この時期の学習指導要領改訂で，クラブ活動について毎週の授業時間確保が規定された。これは教育課程の中でクラブ活動の意義が重視された結果であるといえよう。

その後，約30年間，教育課程の中に組み込まれていたクラブ活動は，1989

（平成元）年の改定時にまたもや大きな変化を迎える。1989年の中学校および高等学校の学習指導要領で，クラブ活動に関して，「部活動に参加する生徒については，当該部活動への参加によりクラブ活動を履修した場合と同様の成果があると認められるときは，部活動への参加をもってクラブ活動の一部又は全部の履修に替えることができる」とされた（文部省，1998『中学校学習指導要領 第4章 特別活動』，文部省，1989『高等学校学習指導要領 第3章 特別活動』）。すなわち，中学校と高等学校において，クラブ活動が部活動に切り替え可能となったのである。この「部活代替措置」の背景には，ゆとり教育推進路線の中で削減された授業時間や学校行事時間を確保するために，クラブ活動の時間を活用したいという学校現場の要望があったとも考えられる。それまで「正課クラブ」と呼ばれ教育課程の中に組み込まれていたクラブ活動が，「課外クラブ」と呼ばれる部活動に代替できるようになった結果，時間割の中からクラブ活動を削除した学校も少なくなかった。反対に，任意参加の活動であった部活動への参加が指導されるようになり，部活動に加入しない生徒を「帰宅部」や「ユーレイ部員」と呼ぶ風潮が生まれた（西島，2006：16）。

　さらに，10年後の1998（平成10）年学習指導要領改訂時に，中学校でクラブ活動は廃止された（高等学校では1999（平成11）年）。その結果，クラブ活動は小学校のみの活動となったのである。

　2008（平成20）年の中央教育審議会の答申「幼稚園，小学校，中学校，高等学校及び特別支援学校の学習指導要領等の改善について」では，特別活動の課題の一つとして，「全体の目標は示しているが，各内容ごとの目標は示していない」ため，「活動を通して何を育てるかが明確ではない」ことを指摘しており，特にクラブ活動に関する改善策として「個性を伸長し，異年齢の子どもたちからなる集団による共通の興味・関心を追求する活動を通して，楽しい学校生活やよりよい人間関係を築く力の育成の充実を図る観点から，具体的な内容を示す」ことが提案されている。

　他方，部活動はその実施に関して学習指導要領で触れられることはなく，各学校や生徒の状況に応じた自主的な活動として展開してきた。しかし，2008（平成20）年に改訂された『中学校学習指導要領』では，「第1章　総則」で部

活動の意義について初めて触れ、生徒に「スポーツや文化及び科学等に親しませ」るものであり「学習意欲の向上や責任感、連帯感の涵養等」に役立つ活動であると規定した。さらに、その活動は「学校教育の一環として、教育課程との関連が図られるよう留意すること」とし、教育活動の一部を担うものとして位置付けられた。また運営に関しては、「地域や学校の実態に応じ、地域の人々の協力、社会教育施設や社会教育関係団体等の各種団体との連携など」の工夫が要求された。

2 小学校におけるクラブ活動

(1) クラブ活動の運営

小学校におけるクラブ活動は、4年生以上の児童を対象としており、学級や学年を越えた同好者で集い、興味や関心を追求する活動である。活動の主体は児童であるが、それを支えるのは教員である。

ここではクラブ活動を教員の側から捉え、クラブ活動運営の1年間の流れを追っていこう（表7-1）。事例として挙げるのは、宮崎県宮崎市にあるA小学校である。

表7-1 クラブ活動開始までの流れ

	3月	4月		5月
教員		クラブ活動運営会議	担当クラブ決定	活動開始
児童	クラブ活動見学会（3年生）	クラブ希望調査	所属クラブ決定	

A小学校でクラブ活動の運営を担当しているのは、校務分掌の学習環境部である。学習環境部は、新年度早期に教員を対象としたクラブ活動に関する会議を開催する。会議ではA小学校におけるクラブ活動のねらい、実施日、実施場所、1単位時間の基本的な指導の流れが確認される。さらに、新しいクラブの創設や既存クラブの廃止が検討され、担当クラブ希望のアンケートがとられる。学習環境部はこの会議を受け、文化クラブ・運動クラブに偏りがないように注意しつつ、クラブの種類と担当教員、活動場所を決定する。学習環境部の決定事項を受け、教員は担当クラブ活動の運営方針や活動内容を検討する。

他方，児童に対しては，翌年度初めてクラブ活動に参加する3年生を対象としたクラブ活動見学会を開催する。クラブ活動見学会は例年3月初旬に行われ，クラブ活動の成果発表の場としての役割も果たしている。児童はクラスごとに各クラブ活動を見学し，感想を「クラブ見学チェックカード」に記入する。その後，新年度に入って新4年生から新6年生を対象に，「クラブ希望調査」が行われる。アンケートには，希望クラブを第1希望から第3希望まで記入する欄が設けられている。5・6年生用のアンケートには，昨年度のクラブ活動を記入させる欄が用意されている。欄外には「昨年度，文化クラブだった人は運動クラブ，運動クラブだった人は文化クラブに入るのも良いですね」というアドバイスが記載されている。これは，いろいろなクラブを経験させたいとの意図による。なお，「クラブ希望調査」を前年度末に行われるクラブ活動見学直後ではなく，新年度始動後に行うのには理由がある。それは，3年生のクラブ活動見学時から活動開始までの間の興味関心の変化や新学年で行われるクラス替えによる友人関係の変化が考慮されているためである。

　クラブのメンバー決定に際し，小学校生活最後となる6年生はできるだけ第1希望のクラブに入れるように配慮されている。また4・5年生においても本人のクラブ活動に対するモチベーションを持続させるために，第2希望までに入れるように配慮されている。

（2）クラブ活動の活動状況

　次に，1つのクラブに注目し，1年間の活動状況を詳しくみてみよう。ここでは，ミュージッククラブという文化クラブを紹介する。ミュージッククラブでは，楽器を演奏し音楽を楽しみたいという児童の意欲を高めるために次のような工夫がなされている。

① 演奏する曲目や担当楽器の決定を児童の話し合いによって行う。
② 技術や音楽性を伸ばすため，たくさんの楽器を用意する。
③ 活動記録表をつける。
④ 各人の技術能力を確実に向上させるため，ゴール地点を明確にし，担当楽器グループにおいて，個人から全体へと段階別の練習を行う。

第7章　クラブ（部）活動の特色

表7-2　クラブ活動ふりかえりカード評価項目

自主性	児童用	クラブ活動の目標をしっかりともち，進んで活動することができましたか
		考えを進んで発表したり，活動をふりかえって次の活動で生かしたりと工夫して活動することができましたか
	教員用	興味・関心に基づいた課題や目標をもち，友達と協力しながら意欲的に活動に取り組もうとしている
		計画・運営に関する話し合いで自分の考えを進んで発表したり，活動のふりかえりを生かしたり，お互いの意見や願いを生かしたりしながら創意工夫して活動している
社会性	児童用	友達と協力しながら，より良い活動にしていくために考えたり話し合ったりしましたか
		クラブ活動のめあてや活動の計画に沿って，自分が何をしたらよいかわかりましたか
	教員用	友達と協力しながら，より良い活動とするために，活動の内容や方法などを考えている
		クラブ活動の役割やその活動を進めるための話合い活動，共通の興味・関心を追及する活動のために何をすべきか理解している

　以下，1年間の流れを追ってみよう。5月，第1回目のクラブ活動では，新6年生を中心に名簿作成，メンバーの自己紹介，部長・副部長・書記の選出が行われ，年2回の発表の場（11月の文化祭，2月のクラブ活動見学会）に向けた活動計画が立てられる。第1回目の活動を通して，児童は同じクラブの仲間を認識し，ともに取り組む活動を確認する。6月には，11月の文化祭での演奏曲目が決定される。曲目選定時には，まず教員から児童たちの力量よりも難易度が少し高い曲が数点提示される。これは難易度の多少高い曲に挑戦することによって児童の意欲が高まり，活動が活発になるためである。児童は話し合いによって2曲を選び出し，さらに各自の演奏楽器を決定する。曲目と楽器の決定後，教員から練習計画が提案される。児童は教員の指導を参考にしつつ，個人練習を進めていく。特に新4年生に対しては，担当楽器リーダーの6年生が助言と指導を行っていく。練習は個人練習から，担当楽器練習，そして全体練習へと進んでいく。文化祭直前の10月には，全体練習が繰り返され，本番当日に向けた準備が行われる。文化祭終了後には反省会が実施され，より良い活動にしていくための課題を見つけ出し，練習方法の改善等が検討される。その後は，2月のクラブ活動見学会に向け，上述と同様の流れの中で活動が行われる。改善された練習方法は，クラブ活動見学会に向けた練習で生かされていく。

　各学期終了時には，学期の初めに立てた計画通りに進められたかを反省し，

「クラブ活動ふりかえりカード」を用いた評価が行われる。この評価は，児童とクラブ担当教員双方によるもので，自主性，社会性の観点から行われる。到達度は，表7-2に示した項目に「◎，○，△」を記入することによって測られる。

　以上，みてきたように，小学校におけるクラブ活動は，学校の運営組織と担当教員の適切な指導のもと，児童一人ひとりが活動を楽しみ，技術の上達や目標の達成を実感できるように計画・実施されている。

3　中学校における部活動

（1）部活動における教員の指導

　前述のように，1998（平成10）年，1999（平成11）年の学習指導要領改訂で，中学校および高等学校でのクラブ活動は廃止された。しかし，実際にはクラブ活動の意義や活動は部活動に引き継がれており，その結果，近年，部活動が重視される傾向にある。

　ここでは，部活動における教員の指導と活動内容について具体的にみてみよう。事例として挙げるのは，宮崎県宮崎市にあるB中学校である。B中学校では，3つの文化部（合唱部・吹奏学部・美術部）と14の運動部（陸上部・軟式野球部・サッカー部・ソフトテニス部・ソフトボール部など）が設置されている。運動部のいくつかは男性部と女性部に分かれており，男性部・女性部それぞれに教員が顧問として配置されている。

　部活動は生徒の自主的・自発的なものであるが，活動にはねらいや目標が設定されている。そのねらいや目標の達成をめざし，計画に基づいた実践が行われていく。ここでは具体的に，B中学校の女子ソフトテニス部を例に挙げ，教員の指導や活動内容を紹介する。

　B中学校女子ソフトテニス部は，例年の県大会で上位の成績をおさめる部活である。ソフトテニス部における活動のねらいは，「部活動に真剣に取り組む中で，身体能力の向上，技術の上達とともに，自主性と積極性を養い，個性の伸長を図る」ことにある。

重要なのは，B中学校女子ソフトテニス部では，ソフトテニスの技術的上達だけを目標とするのではなく，身体的能力の向上や精神的な成長も重視されている点である。身体的能力の向上では，体力や筋力などの身体機能の発達，また精神的な成長の側面では，自らの判断で行動する自主性や，進んで物事に取り組もうとする積極性の育成がめざされる。そして，身体機能の発達と自主的かつ積極的な人間性の育成によって，他者への配慮や思いやり，そして感謝の気持ちをもってその人らしい価値を追い求めていく，個性的な人間の形成につなげていく。

　ねらいを達成するために，B中学校女子ソフトテニス部では，① 日誌の記入，② 朝の奉仕作業，③ 勉強会，④ 弁当作り，を行っている。ここでは，①日誌の記入について詳しくみていきたい。日誌の記入は，すべての部員に毎日課される。ただし，1年生は部活動に慣れた7月から開始する。日誌には，大きく3つの内容を記入する箇所がある。まず，1つ目は，部活動に関する内容である。そこでは，練習場所・練習内容・練習時間や故障箇所，疲労度および反省を記入する。次に，2つ目は，生活態度を振り返る内容である。そこでは，「態度能力の向上」として，「元気のある『ハイッ』という返事」「『気をつけ』（かかと・指先に注意）」「クツをそろえる，かかとをふまない」「大きな声を出しての練習」「校内・家庭のごみを拾う」「人より早くあいさつをする」「家庭での手伝いをする」の7項目が設定されており，それぞれに，「〇，×」のどちらかを記入する。さらに，家庭での過ごし方（家庭学習と睡眠の時間と時間帯）を記入する箇所も設定されている。このような活動を通し，生徒たちは自分の日々の活動と意識をふりかえりながら心身ともに成長していくのである。

（2）部活動の活動内容

　では次に，部活動の具体的な活動内容をみることにしよう。表7-3は，1年間の部活動の活動内容を，学校行事の流れとねらいを達成するための手立てとともに一覧表にしたものである。この表から部活動の活性化とねらい達成のためのしかけを拾い上げてみよう。以下，①大会数の多さ，②選手推戴式の役割，③部活動保護者総会の意味，の3点について説明を加えたい。

表7-3 ソフトテニス部指導計画表

学期	月	学校行事	活動内容	ねらいを達成するための手立て
1学期	4	始業式　入学式　家庭訪問	１年仮入部期間【県春季団体ソフトテニス大会】	雰囲気作り　グループエンカウンター　2・3年日誌、朝の奉仕作業
	5	部活動保護者総会　第１回定期テスト	新入生入部式【地区中学校対抗ソフトテニス大会】	練習試合の実施
	6	１年宿泊研修　２年修学旅行	【ソフトテニス部保護者総会】【地区中体連夏季大会*】	
	7	第２回定期テスト　授業終了日　夏季休業　サマースクール	３年生引退【県中体連夏季大会*】	グループエンカウンター　１年生日誌の開始
	8	登校日　夏季休業　サマースクール	【県中学新人団体ソフトテニス大会】	合宿
2学期	9	授業開始日　体育大会	【宮崎市市民体育大会】	練習試合の実施・各種大会への参加
	10	第１学期終了の日　文化祭　第２学期始業の日	【地区中体連秋季大会*】	
	11	２年職場体験　第３回定期テスト	【県中体連秋季大会*】【地区中学校対抗ソフトテニス大会*】	
	12	新入生説明会　授業終了日　冬季休業	【都道府県中学校対抗ソフトテニス予選】	部室大掃除
	1	冬季休業　授業開始日　私立高校入試	【小中学校対抗ソフトテニス大会】【綾照葉樹林中学生ソフトテニス大会】	新年の目標作り
	2	私立高校入試　県立高校推薦入試　第４回定期テスト　２年立志の集い	【インドアソフトテニス大会観戦】	卒部式の準備　送る言葉の作成
	3	県立高校一般入試　卒業式　終了の日　学年末休業	卒業生卒部式【学年別地区中学校ソフトテニス大会】	

（注）＊がついた大会では，学校内で「選手推戴式」が行われる。

① 大会数の多さ

　表7-3をみると，まず，毎月何らかの大会が設定されていることに気づくだろう。３年生にとって重要なのは，引退前最後の大会となる６月の「地区中体連夏季大会」である。１・２年生にとっては，10月に開催される「地区中体連秋季大会」が一番大きな大会となる。この大会で２年生は１年間の，１年生は入部後半年の練習の成果を発揮する。

　毎月の大会参加が，生徒と指導する教員両者にとって負担が大きいことは想像に難くない。しかし，コンスタントな大会参加により，生徒たちは間近な目標設定が可能となる。たとえば，今回の大会ではサーブの精度が低かったと反省する生徒は，次の大会では精度を高めようと意識し，練習を重ねる。その積み重ねが，大きな成長をうむのである。

② 選手推戴式の役割

いくつかの大会では，大会参加前に学校内で「選手推戴式（すいたいしき）」（表中では＊マークで表記）が行われる。選手推戴式とは，大会出場を全校生徒前で報告する式である。全校集会時に行われ，大会出場者は自己紹介とともに，「今回の大会でレギュラーに選ばれました。○月○日に大会があります。応援してください」と呼びかける。この選手推戴式は大会出場者にとって，言わば晴れの舞台であり，選手推戴式に出ることに誇りを感じ，自信を一層深める契機となっている。他方，教員にとってもどの生徒がどの部活に入っていて，どのくらいの能力を有しているかを知る場ともなっている。

③ 部活動保護者総会の意味

部活動を活性化するために必要なのは，熱心な指導教員と実際に活動を行う生徒たちだけではない。部活動をサポートする保護者の存在も忘れることはできない。

「部活動保護者総会」は，5月に学校行事として開催され，その後各部活動ごとに保護者総会が実施される。部活動の運営には，人手とお金がかかる。部活動保護者総会では，競技ごとに後援会長や配車係，弁当係などが決められる。さらに，6月に実施されるソフトテニス部保護者総会では，保護者と部の指導教員との顔合わせが行われる。その際，指導教員は，自らの指導方針や予定活動内容について保護者に説明し，協力を求める。

ここまで，クラブ活動と部活動の実態を紹介してきた。最後に，先述したような制度的違い（学習指導要領で定められているのか，いないのか）のほかの重要な違いについてまとめておこう。それは，クラブ活動が学校内で行われる活動であるのに対し，部活動が学校内にとどまらない活動であるという事実である。すなわち，クラブ活動は各学校の状況に合わせて活動時間が設定されているのに対して，部活動には時間的制約はなく，その活動は大会参加や他校との交流といった学外の場で行われることもある。

学外における活動は子どもたちに刺激を与え，一層，自主的・自発的に活動

するようになるきっかけとなる。しかし，その一方で，対外的な活動が多くなるほど，指導や危機管理などにおいて指導教員にかかる負担は大きくなり，活動の運営自体を困難なものにする危険性もある。

4 地域社会とクラブ（部）活動の連携

　ここまで，クラブ（部）活動の意義と歴史について考察した後，クラブ（部）活動の実態をA小学校およびB中学校を例として紹介してきた。しかし今日，さまざまな要因から学校だけでのクラブ（部）活動の成立が難しくなっている。そこでいま，注目されているのが，地域社会との連携である。

（1）なぜ地域社会との連携が必要か
　そもそも，なぜいまクラブ（部）活動が学校内だけで成立しにくくなっているのであろうか。原因の一つとして指導者不足が挙げられる。その要因として指摘される，①教員の高齢化，②教員の多忙化，②指導の専門性，の3点について述べていきたい。

① 教員の高齢化
　教員の高齢化が指摘されて久しい。近年，一部地域では，定年退職教員の増加によって若返りが始まってはいるものの，全国的にはまだまだ教員の高齢化は継続している。平成25年度の「学校教員統計調査」の結果によると，40代以上の教員の割合は，小学校・中学校・高等学校いずれにおいても6割を超えているものの，20代教員は全体の1割台である。教員の高齢化の結果，体育会系のクラブ（部）活動の指導ができる教員が不足し，クラブ（部）活動が成立しにくくなっている。

② 教員の多忙化
　教員の仕事は，朝のあいさつ指導から始まり，授業や生徒指導，給食指導，掃除指導，下校指導，さらには事務作業や翌日の研究授業の準備など多岐に渡

る。ときには，保護者からの問い合わせへの対応などもあり，教員の一日はさまざまな仕事に忙殺される。そのような状況の中で，準備から実際の指導まで多くの時間が必要となるクラブ（部）活動の指導の方に手が回らないという教員が増加している。

③ 指導の専門性

そもそも，教員は学習指導や生徒指導などを主に担当する者であり，クラブ（部）活動の専門家ではない。クラブ（部）活動において，技術の向上や能力の発達は欠かせない重要な要素である。勝利至上主義は部活動の活動趣旨とそぐわないことはいうまでもないが，目標設定の意味から勝利を求めることは有効であり，そのためには種目に精通した人材による綿密な練習スケジュールや指導方針が必要である。しかし，十分な知識と能力を有した教員を揃えることは難しいのが現状である。

（2）クラブ（部）活動と地域社会との連携

クラブ（部）活動を意義あるものとするために重要なことの1つには，適切な指導者を確保することがあげられよう。しかし，先にみたような現状から，教員の中から適切な人材を確保することは難しくなっている。この課題の解決法として，地域の人材を活用することが注目されている。

しかし，ここで忘れてはならないことは，人材の活用には相互の連携を視野に入れる必要があるということである。つまり，今日的課題によって成立しにくくなったクラブ（部）活動において，地域の人材を活用するという発想は，「学校のために地域社会が力を貸す」という一方向でしかない。クラブ（部）活動と地域社会のより良い連携のためには，「地域社会のためにクラブ（部）活動を活用する」という視点も含まれなければならない。

クラブ（部）活動と地域社会の相互連携は，クラブ（部）活動の指導のために地域の人材を学校に呼ぶことと同時に，教員が学校から地域社会に出て行くことによって成り立つ。ここでは，公民館の家庭料理学級と小学校の料理クラブとの関わり方を例として考えてみよう。学校のために地域社会が力を貸すと

いう視点では，家庭料理学級に参加する料理好きの地域住民が料理クラブに料理指導に行くことが考えられる。反対に，地域社会のためにクラブ（部）活動を活用するという視点では，料理クラブを指導する教員が家庭料理学級に出向き，家庭料理以外のメニューを教えることが考えられる。その際，教員だけでなく，児童も一緒に家庭料理学級に参加し地域住民とともに料理を作れば，活動はなお一層有意義なものとなる。この相互連携により，児童は料理技術を向上させ，地域住民は教えることの楽しさや他者の役に立つことの喜びを感じるだろう。

地域と学校とが相互に連携を深める活動を創造するためには，教員の企画力が重要になる。地域社会の人材の把握と交流の申し込み，活動のコーディネート，そして評価は，クラブ（部）活動の活発な実施に欠かすことはできない。これらの流れを見通し，交渉などをいかに円滑に行うかは，クラブ（部）活動を通して児童・生徒の成長をめざす教員の力量にかかっている。

最後に，学校以外の人材をクラブ（部）活動の指導に活用する際の課題に触れておこう。近年，外部指導員の導入によって，部活動の教育的意義が損なわれているという指摘がある。そのため，教員のクラブ（部）活動指導が果たしてきた，児童・生徒と教員との授業以外の場面における人間関係構築や生徒指導の機能を学校生活のどこで補うのかということや，外部指導員のもとでは競技志向に偏りがちなクラブ（部）活動の教育的意義をいかに保つのか，ということを検討しなければならない（西島ほか，2003）。

参考文献・資料
高旗正人・倉田侃司編著（2004）『新しい特別活動指導論』ミネルヴァ書房。
中央教育審議会（2008）「幼稚園，小学校，中学校，高等学校及び特別支援学校の学習指導要領等の改善について」（答申）
　　http://www.mext.go.jp/b_menu/shingi/chukyo/chukyo0/toushin/1216828.htm
（2016年5月25日）
西島央編著（2006）『部活動 その現状とこれからのあり方』学事出版。
西島央・藤田武志・矢野博之・中澤篤史（2003）「中学校クラブ活動／部活動の顧問－生徒関係に関する社会学的研究――生徒対象アンケート調査と教師対象インタ

ビュー調査をもとに」『マツダ財団研究報告書 青少年健全育成関係』第16巻，マツダ財団，95-107頁．
肥田野直・稲垣忠彦編（1971）『戦後の日本の教育改革 第6巻 教育課程（総論）』東京大学出版．
文部科学省（2008）『小学校学習指導要領 第6章 特別活動』
　　http://www.mext.go.jp/a_menu/shotou/new-cs/youryou/syo/toku.htm（2016年5月25日）
文部省（1947）『学習指導要領・一般篇（試案） 第三章 教科課程』
　　https://www.nier.go.jp/guideline/s22ej/chap3.htm（2016年5月25日）
文部省（1958）『小学校学習指導要領 第3章 道徳，特別活動および学校行事等 第2節 特別教育活動』
　　https://www.nier.go.jp/guideline/s33e/chap3-2.htm（2016年5月25日）
文部省（1968）『小学校学習指導要領 第4章 特別活動』
　　https://www.nier.go.jp/guideline/s43e/chap4.htm（2016年5月25日）
文部省（1969）『中学校学習指導要領 第4章 特別活動』
　　https://www.nier.go.jp/guideline/s44j/chap4.htm（2016年5月25日）
文部省（1970）『高等学校学習指導要領 第1章 総則』
　　https://www.nier.go.jp/guideline/s45h/chap1.htm（2016年5月25日）
文部省（1989）『中学校学習指導要領 第4章 特別活動』
　　https://www.nier.go.jp/guideline/h01j/chap4.htm（2016年5月25日）
文部省（1989）『高等学校学習指導要領 第3章 特別活動』
　　https://www.nier.go.jp/guideline/h01h/chap3.htm（2016年5月25日）
文部省（1998）『中学校学習指導要領 第4章 特別活動』
　　https://www.nier.go.jp/guideline/h10j/chap4.htm（2016年5月25日）
文部省（1999）『高等学校学習指導要領 第4章 特別活動』
　　https://www.nier.go.jp/guideline/h10h/chap4.htm（2016年5月25日）
文部科学省（2008）『中学校学習指導要領 第1章 総則』
　　https://www.nier.go.jp/guideline/h19j/chap1.htm（2016年5月25日）
文部科学省（2015）『学校教員統計調査 平成25年度 調査結果の概要』
　　http://www.mext.go.jp/b_menu/toukei/chousa01/kyouin/1268573.htm（2016年5月25日）

（櫻田裕美子）

第8章

学校行事の特色

　本章では，学校行事に関して，中央教育審議会の「幼稚園，小学校，中学校，高等学校及び特別支援学校の学習指導要領等の改善について（答申）」（以下，「答申」と記す）および小・中学校の学習指導要領（2008年3月28日改訂）と高等学校の学習指導要領（2009年3月9日改訂）において示された特徴を取り上げ，学校行事の特色を概観し，最後に学校行事の指導において留意すべき事項を3点挙げる。

　今次の学習指導要領改訂における学校行事の特徴として，次の2点を重視することが示された。1点目は，日常の教育活動をより豊かにするきっかけづくりとしての体験活動を充実する必要があることである。2点目は，体験活動は活動しただけで終わるのではなく，文章で表現し，伝え合う中で他者と体験を共有し，より広い認識につなげることを重視する必要があることである。「答申」では，改善の具体的事項として，「自然の中での集団宿泊体験や異年齢交流なども含む多様な人々との交流体験，文化的な体験など」（小学校），「職場体験，奉仕体験，文化的な体験などの体験活動など」（中学校），「奉仕体験，就業体験，文化的な体験などの体験活動など」（高等学校），が示された。

　このような，求められる改善に関して，新たに設けられた目標に基づき，学校行事の内容である，「儀式的行事」「文化的行事」「健康安全・体育的行事」「遠足（旅行：中・高等学校）・集団宿泊的行事」「勤労生産・奉仕的行事」それぞれの特色を取り上げ，指導計画の作成と内容の取り扱いについて注意すべき点を述べる。また，小・中・高等学校における具体的な学校行事の内容・ねらいに関する表を掲載し，理解を深めやすくした。

1　今回の学習指導要領改訂における学校行事の特徴

　2007年2月から審議を開始した第4期中央教育審議会は，2008年1月17日に，「体験活動の充実」等を求めることを「答申」で示した。この「答申」を踏まえ，文部科学省は，2008年3月28日に小・中学校の学習指導要領の改訂を行い，また，2009年3月9日に高等学校の学習指導要領の改訂を行った。

　「学校行事」に関わる「答申」の求める改善すべき観点は，「学習指導要領改訂の基本的な考え方」の「豊かな心や健やかな体の育成のための指導の充実」で示された。ここでは，親や教師以外の地域の大人や異年齢の子どもたちとの交流，自然の中での集団宿泊活動や職場体験活動，奉仕体験活動などの体験活動は，他者，社会，自然・環境との直接的な関わりという点できわめて重要であると述べられている。また，体験活動の実施に関しては，次の2点を重視することが求められている。1点目は，家庭や地域の教育力の低下を踏まえ，日常の教育活動をより豊かにするきっかけづくりとしての体験活動を充実する必要があることである。2点目は，体験活動は活動しただけで終わりでは意味がなく，体験したことを，自己と対話しながら，文章で表現し，伝え合う中で他者と体験を共有し，より広い認識につなげることを重視する必要があることである。

　体験活動の充実については，従前から強く求められており，第3期中央教育審議会教育課程部会は，2006年2月13日の「審議経過報告」において，体験の意義について，以下のように示している。

体験は，体を育て，心を育てる源である。子どもには，生活の根本にある食を見直し，その意義を知るための食育から始まり，自然や社会に接し，生きること，働くことの尊さを実感する機会をもたせることが重要である。生活や学習の良い習慣をつくり，気力や体力を養い，知的好奇心を育てること，社会の第一線で活躍する人々の技や生き方に触れたり，自分なりの目標に挑戦したりする体験を重ねることは，子どもの成長にとって貴重な経験になることが指摘されている。

第8章　学校行事の特色

表8-1　各校種における体験活動の充実

校種	発達段階	体験活動
小学校	自己が明確になり，自覚されるようになる。	自然の偉大さや美しさに出会ったり，身近な学校の仲間とのかかわりを深めたりする自然の中での集団宿泊活動
中学校	大人が社会で責任を果たしていることに気付き，進路を自分の問題として考え始める。	職場での体験を通して社会の在り方を垣間見ることにより勤労観・職業観をはぐくむ職場体験活動
高等学校	自分と他者や社会との関係について考えを深める。	人に尽くしたり社会に役立つことのやりがいを感じることで，自分の将来展望や社会における自分の役割について考えを深めることが期待できる奉仕体験活動や就業体験活動

表8-2　学校行事に係る改善の具体的事項

校種	踏まえるべき重要な事項	重視する体験
小学校	集団への所属感や連帯意識を深めつつ，学校の仲間や地域の人々とのかかわり，協同の意義，本物の自然や文化の価値や大切さを実感する機会をもつこと。	自然の中での集団宿泊体験や異年齢交流なども含む多様な人々との交流体験，文化的な体験など
中学校	集団への所属感や連帯意識を深めつつ，学校や社会の中でのさまざまな人とのかかわり，生きること働くことの尊さを実感する機会をもつこと。また，本物の文化に触れ，文化の継承に寄与する視点をもつこと。	職場体験，奉仕体験，文化的な体験などの体験活動
高等学校	集団への所属感や連帯意識を深めつつ，社会的自立や社会貢献を念頭に置いた体験活動，実社会の中で共に生きることや働くことの意義と尊さを実感する機会をもつこと。また，本物の文化に触れ，文化の継承，創造に寄与する視点をもつこと。	奉仕体験，就業体験，文化的な体験などの体験活動

　そこで，「答申」に示された「教育内容に関する主な改善事項」にも，「体験活動の充実」が挙げられている。ここでは，児童・生徒を取り巻く状況の変化を踏まえ，学校教育の各校種において，表8-1にまとめた事項を重点的に推進することが求められている。また，特に，職場体験活動や就業体験活動は，キャリア教育の視点からも重要な役割を果たすと指摘されている。
　現在においても，学習指導要領上，小・中・高等学校の特別活動において，「旅行（遠足）・集団宿泊的行事」や「勤労生産・奉仕的行事」を行うこととなっているが，今回の学習指導要領の改訂において，体験活動の重要性を一層明確にし，その内容に即して，小・中・高等学校でそれぞれ重点的に行う体験活

動について記述することが必要とされた。

「答申」に示された,「各教科・科目等の内容」では,「特別活動」の「学校行事」について,「改善の基本方針」に基づき,各校種で,次の表8-2にまとめてある改善の具体的事項が挙げられる。

また,「改善の基本方針」として,特別活動の各内容のねらいと意義を明確にするため,各内容に関わる活動を通して育てたい態度や能力を,特別活動の全体目標を受けて新たに各内容の目標を示すことが求められた。学校行事に関する目標については,第2節で扱う。

2　各種学校行事の特色

(1) 学校行事の目標・内容

従来の学習指導要領には,学校行事の目標は明記されていなかった。今回,「答申」に基づいて,新たに目標が示された。これは,従来のままでは,各種の学校行事を通して児童・生徒に対して何を育てるかが明確でないことや,総合的な学習の時間などとの教育活動の重なりが指摘されてきたからである。

学校行事の目標（小・中・高等学校共通）は次のようになっている。

> 学校行事を通して,望ましい人間関係を形成し,集団への所属感や連帯感を深め,公共の精神を養い,協力してよりよい学校生活（や社会生活：高等学校）を築こうとする自主的,実践的な態度を育てる。

この目標は,情報化,都市化,少子高齢化などの社会状況の変化を背景に,生活体験の不足や人間関係の希薄化,集団のために働く意欲や生活上の諸問題を話し合って解決する能力の不足,規範意識の低下などが顕著になっており,好ましい人間関係を築けないことや,望ましい集団活動を通した社会性の育成が不十分な状況が見られるといった課題に応えるために設定されている。また,学校行事の目標は,「改善の基本方針」に示された,「望ましい集団活動や体験的な活動を通して,豊かな学校生活を築くとともに,公共の精神を養い,社会性の育成を図るという特別活動の特質を踏まえ,特によりよい人間関係を築く

力，社会に参画する態度や自治的能力の育成を重視する。また，道徳的実践の指導の充実を図る観点から，目標や内容を見直す」といった考え方に基づいて設定された。

また，内容（小・中・高等学校共通）に関しては，次のようになっている。

> 全校又は学年（全校若しくは学年又はそれらに準ずる集団：高等学校）を単位として，学校生活に秩序と変化を与え，学校生活の充実と発展に資する体験的な活動を行うこと。

前回の内容からは，「集団への所属感を深め」が，目標に移行している。

また，学校行事の種類としては，前回と変わらず，「(1) 儀式的行事」「(2) 文化的行事」「(3) 健康安全・体育的行事」「(4) 遠足（旅行）・集団宿泊的行事」「(5) 勤労生産・奉仕的行事」の5つが列挙されている。以下，各行事の特色を紹介しておこう。

(2) 儀式的行事の特色

儀式的行事の内容は，次のとおりである。

> 学校生活に有意義な変化や折り目を付け，厳粛で清新な気分を味わい，新しい生活の展開への動機付けとなるような活動を行うこと。

儀式的行事は，全校の児童・生徒および教職員が一堂に会して行う教育活動である。その内容としては，入学式，卒業式，始業式，終業式，修了式，開校記念に関する儀式，立志式，新任式，離任式，対面式，朝会などがある。

儀式的行事の特にねらうものは，次の2点である。1点目は，行事の目的・形式・進行などと各学級（HR）での事前指導とを連携させ，新しい生活の展開をめざして学校の全児童・生徒と教職員が一体となって，相互に厳粛でしかも清新な気分を味わわせ，喜びを分かち合う集団活動にすることである。2点目は，学校や地域社会の一員，国民としての自覚と連帯感を深め，国際理解や人類愛の精神の育成を図ることにあり，そのことを通して集団の場における規律や公共心，品格を育てていくことである。特に，卒業式は，地域の関係者も

臨席し，参加者全員が一体となって児童・生徒の未来への発展を祝福する場であり，児童・生徒にとっても一生涯の思い出となる学校行事である。厳粛な中にも児童・生徒が自覚を新たにし，周囲に対して感謝の念をもって生きていくように指導することが望まれる。また，国民としての自覚や国際理解の視点から，国旗の掲揚・国歌の斉唱について，発達段階に応じて指導することが求められている。

儀式的行事は，学校の教育目標を意識した，教師による意図的・計画的な教育活動である。児童・生徒が積極的・自発的に参加し，集団の一員としての自覚を促すために，事前指導において児童・生徒の考えを取り入れたり，児童会・生徒会と綿密な連携を行うことなどに留意する必要がある。

（3）文化的行事の特色

文化的行事の内容は，次のとおりである。

> 平素の学習活動の成果を発表（総合的に生か：高等学校）し，その向上の意欲を一層高めたり，文化や芸術に親しんだりするような活動を行うこと。

文化的行事は，2種類ある。1つ目は，児童・生徒が各教科などにおける日頃の成果を総合的に発展させ，発表し合い，互いに鑑賞する行事であり，学芸会，文化祭，学習発表会，弁論大会，作品展示会，音楽会，合唱祭，読書感想発表会，クラブ発表会などがある。2つ目は，学校外の催し物や作品を鑑賞する行事である。映画鑑賞会，音楽鑑賞会，演劇鑑賞会，古典芸能鑑賞会，講演会などがある。

文化的行事の特にねらうものは，次の2点である。1点目は，日頃の教育活動で習得した知識・技能を深め，総合させたり，情操を豊かにしたりして，幅広く深い教養の育成に資することである。2点目は，それぞれの活動の目標を明確にしたうえで，児童・生徒の個性の伸張を図り，自主性・積極性・創造性を高めるとともに，目的に向かってお互いが協力し合うことによって成就感・連帯感・仲間意識を味わい，責任感と協力の態度を養うことである。

今次の改訂において，特に「答申」の「改善の具体的事項」に，「本物の文

化に触れ，文化の継承に寄与する視点をもつことが必要である」という指摘を受け，新たに，「文化や芸術に親しんだりする」という文言が付け加えられた。従前からもこのことについては重視されていたが，行事の精選の観点が行事の厳選・削減につながり，音楽鑑賞会，演劇鑑賞会，古典芸能鑑賞会などが削減された事例もあるので，今後の実践においては，特に伝統や文化を尊重する態度を養う視点からも，充実させていくことが求められている。

（4）健康安全・体育的行事の特色

健康安全・体育的行事の内容は，次のとおりである。

> 心身の健全な発達や健康の保持増進などについての関心を高め（理解を深め：中・高等学校），安全な行動や規律ある集団行動の体得，運動に親しむ態度の育成，責任感や連帯感の涵養，体力の向上などに資するような活動を行うこと。

健康安全・体育的行事としては，健康診断，疾病予防，交通安全指導，薬物乱用防止指導，避難訓練，防災訓練，健康・安全に関する意識や実践意欲を高める行事，学校給食をはじめとした食育に関する行事，運動会，体育祭，競技会，球技大会，スポーツ大会，体力テスト，スポーツテストなどがある。

ここでは，特に，「答申」で示された「教育内容に関する主な改善事項」の中の，「社会の変化への対応の観点から教科等を横断して改善すべき事項」にあげられた「食育」と「安全教育」に関する事項を重視する必要がある。

「食育」に関しては，家庭科，技術・家庭科などの関連する教科等と連携し，食事の重要性，心身の成長や健康の保持増進のうえで望ましい栄養や食事の摂り方，正しい知識・情報に基づいて食品の品質および安全性等について自ら判断できる能力，食物を大事にし，食物の生産等に関わる人々へ感謝する心，望ましい食習慣の形成，各地域の産物，食文化等の理解などを総合的に育むという観点から推進することが求められている。

また，「安全教育」に関しては，児童・生徒が安全に関する情報を正しく判断し，安全のための行動に結び付けることができるようにすること，すなわち，自他の危険予測や危険回避の能力を身に付けることができるようにする観点か

ら，発達の段階を踏まえつつ，学校行事を中心に学校の教育活動全体で取り組むことが重要である。その際，安全を確保するためには，自己の心身の状態や行動の仕方に気を付けることを理解させる必要がある。また，人々が安全に安心して暮らすためには一人ひとりが責任をもって，社会全体で生活環境を整えていくことが大切であることを理解させる必要がある。さらに，学校における安全教育の推進には，家庭や地域と連携を図ることが重要である。また，このような連携・協力は，学校・家庭・地域の結び付きを深めることにつながるのである。

（5）遠足（旅行）・集団宿泊的行事の特色

　遠足（旅行）・集団宿泊的行事の内容は，次のとおりである。

> <u>自然の中での集団宿泊活動などの</u>（中・高等学校には下線文はない）平素と異なる生活環境にあって，見聞を広め，自然や文化などに親しむとともに，<u>人間関係などの</u>（中・高等学校には下線文はない）集団生活の在り方や公衆道徳などについての望ましい体験を積むことができるような活動を行うこと。

　遠足（旅行）・集団宿泊的行事としては，遠足，修学旅行，移動教室，集団宿泊，野外活動，林間学校，臨海学校などがある。
　遠足（旅行）・集団宿泊的行事の特にねらうものは，次の3点である。1点目は，教師と児童・生徒および児童・生徒相互の人間的な触れ合いや信頼関係を経験し，人間としての在り方生き方について自覚を深めるとともに，生涯の楽しい思い出を作ることである。2点目は，わが国の文化，経済，産業，政治などの重要地を直接見聞したり，自然体験によって大自然の美しさに接したりすることで，日頃の教育活動における学習を拡充することができ，幅広い知見と豊かな情操を育成できることである。3点目は，集団行動を通して，集団・社会生活のきまりやルール，公衆道徳，公共心の育成について望ましい体験を得ることができ，日頃の学校生活や今後の社会生活の基盤を築く一助になることである。
　今次の改訂において，特に「答申」の小学校の「改善の具体的事項」に，

「自然の中での集団宿泊体験」を重視する観点から改善を図る必要があるという指摘を受け，新たに，「自然の中での集団宿泊活動などの」という文言が付け加えられた。また，「答申」の小学校の「改善の基本方針」に，「自分に自信がもてず，人間関係に不安を感じていたり，好ましい人間関係を築けず社会性の育成が不十分であったりする状況が見られたりする」という指摘を受け，新たに，「人間関係などの」という文言が付け加えられた。今後の実践においては，特にこのことに留意し，体験活動を充実させていくことが求められている。

（6）勤労生産・奉仕的行事の特色

勤労生産・奉仕的行事の内容は，次のとおりである。

> 勤労の尊さや生産（創造すること：中・高等学校）の喜びを体得（中学校はこれに続き「し，職場体験などの職業や進路にかかわる啓発的な体験が得られるように」が加筆）（高等学校はこれに続き「し，就業体験などの職業観の形成や進路の選択決定などに資する体験が得られるように」が加筆）するとともに，（中・高等学校はこれに続き「共に助け合って生きることの喜びを体得し，」が加筆）ボランティア活動などの社会奉仕の精神を養う体験が得られるような活動を行うこと。

勤労生産・奉仕的行事としては，飼育栽培活動，校内美化活動，地域社会の清掃活動，公共施設の清掃活動，福祉施設との交流活動，各種の勤労体験や生産活動，上級学校や職場の訪問・見学，地域社会への協力やボランティア活動，さまざまな社会参加活動などがある。

勤労生産・奉仕的行事の特にねらうものは，次の2点である。1点目は，将来直面するであろうさまざまな課題に柔軟にかつたくましく対応し，社会人・職業人として自立していくため，児童・生徒一人ひとりの勤労観・職業観を育てるキャリア教育を充実する観点から，小学校での職場見学，中学校での職場体験活動，高等学校での就業体験活動などを重視し，職業や進路の選択決定についての意欲と関心を高めることである。2点目は，学校や地域社会等における奉仕的行事を計画・実行することで，相互の協力や助け合いの態度を培うとともに，社会についての理解を深め，社会奉仕，社会貢献の精神を養うことで

ある。

　今次の改訂において，特に「答申」の中学校の「改善の具体的事項」に，「職場体験」を重視する観点から改善を図る必要があるという指摘を受け，新たに，「職場体験などの」という文言が付け加えられた。今後の実践においては，特にこのことに留意し，体験活動を充実させていくことが求められている。

（7）指導計画の作成と内容の取り扱い

　学校行事に関わる指導計画の作成と内容の取り扱いは，次のとおりである。

> 〔学校行事〕については，学校や地域及び児童（生徒：中・高等学校）の実態に応じて，各種類ごとに，行事及びその内容を重点化するとともに，（高等学校はこれに続き「入学から卒業までを見通して，」が加筆）行事間の関連や統合を図るなど精選して実施すること。また，実施に当たっては，異年齢集団による交流（中・高等学校には下線文はない），幼児，高齢者，障害のある人々などとの触れ合い，自然体験や社会体験などの体験活動を充実するとともに，体験活動を通して気付いたことなどを振り返り，まとめたり，発表し合ったりするなどの活動を充実するよう工夫すること。

　ここでは，特色ある学校行事の創意工夫をすること，各種類ごとの重点化や行事間の関連や統合を図り精選すること，地域の人々との交流を図る行事を工夫することに配慮することが求められているが，特に自然体験や社会体験を充実する行事を工夫することが大切である。

　友だちと協力し合いながら自然の中で活動する体験は，自然の美しさ，神秘性，厳しさなどに触れ，感動や驚きを与えるとともに，自然や環境への理解を深め，自主性や協調性，忍耐力や社会性などを培うことができる。就業体験や勤労体験，ボランティア体験は，自分の力でやり遂げた喜びや充実感を味わうとともに，自立心や責任感を身に付け，自分の生き方や人間としての在り方生き方の探求に結び付くものである。このことから，自然の恵みに感動する心を育む自然体験，社会の構成員としての役割や望ましい勤労観・職業観を確立するための社会体験などについて，意図的・計画的に実施することが大切である。

表8-3　学校行事の基本計画例―A小学校（13学級・児童数約400名）―

月	行事名	ねらい
4	前期始業式・入学式・就任式・離任式・健康診断・遠足は省略	
5	体力テスト	・児童の体力の現状を把握し、学校生活における体育・健康に関する指導の指針を得るための一つの方法とする。 ・児童が自分の力を知り、体力や運動能力を伸ばすための一つの手だてとする。
6	芸術鑑賞会	・地域の方とともに、音楽を鑑賞し、質の高い文化に触れ親しむことで、豊かな感性を育てる。 ・実際に音楽を体験することで、音楽の楽しさを味わう。 ・音楽を鑑賞するうえでのマナーに気を付ける。
7	大掃除	・地域の方とともに、普段は清掃していない場所や学校周辺、通学路をきれいに清掃する。
	平和集会	・地域の方とともに、戦争（原爆）の恐ろしさを知り、平和の尊さ、生命尊重の大切さに気付かせ、平和創造への意欲を育てる。
	非行防止教室	・近年、非行の低年齢化や軽微な犯罪が増加傾向にあり、非行を防止する取り組みを実施することで児童の規範意識を向上させる。
9↓1	前期終業式（9月）・後期始業式・運動会・避難訓練（10月）・修学旅行（11月）・避難訓練（12月）・学校付近の落ち葉清掃（1月）等は省略	
2	縄跳び大会	・地域の方とともに、長縄飛びを学級ごとに行うことで、学級の団結力を高めるとともに健康増進に寄与する。
	避難訓練	・不審者の侵入を想定した避難訓練を行うことにより、児童や教職員の安全確保のための体制を確立する。
3	卒業式・修了式は省略	

3　小・中・高等学校における学校行事の実際

　ここでは、実際に行われている小・中・高等学校における学校行事の年間計画と、それぞれの学校行事のねらいを表で示すとともに、例示した学校における学校行事の特色を簡潔にまとめてみた。
　各校種においてほぼ共通する内容・ねらいに関しては一部省略した。
　A小学校は、保護者や地域の方々とともに、「芸術鑑賞会」「大掃除」「平和集会」「縄跳び大会」などの学校行事を行い、幼児や高齢者との触れ合いを深め、ボランティア活動を重視しているところに特徴がある。
　B中学校は、各教科等で学習したことをまとめて発表し、他者の発表等を含めて相互評価するシステムを組み込んだ「文化祭」を、PTAや地域の方々と

表8-4　学校行事の基本計画例—B中学校（3学級・生徒数約100名）—

月	行事名	ねらい
4	前期始業式	・進級の喜びと新学年の心構えを持たせる。 ・集団としての節度ある態度を養う。
4	就任式	・着任した教師との望ましい人間関係構築のきっかけとする。
4	入学式	・新入生を温かく迎え，集団の一員としての連帯感を育てる。 ・入学の喜びと，中学生としての自覚を持たせる。
4	離退任式	・離退任する教師との人間関係を振り返ることにより，周囲に対する感謝の心を育む。
4	健康診断	・心身の健康に興味を持ち，自他の生命尊重の自覚を促す。
5	遠足	・集団行動を通して自律心を養い，自主的に集団の規律を守る態度を育成する。 ・自然や文化に親しむ態度を育成する。
6	薬物乱用防止教室	・薬物乱用行為の有害性や違法性についての理解を深め，正しく行動できる態度を身に付ける。
6	防災訓練	・災害に際し，沈着，冷静，迅速，的確に判断し対処する能力を養い，自他の安全を確保できる能力を身に付ける。
6	修学旅行	・平素と異なる生活環境の中で，教師と生徒及び生徒相互の人間的な触れ合いや信頼関係を経験し，人間としての生き方についての自覚を深め，楽しい思い出をつくる。 ・文化及び自然を直接見聞・体験することにより，各教科等における学習を拡充し，広い知見と豊かな情操を育成する。
7	防犯教室	・自他の安全を心がけ，正しく行動できる態度を育成する。
8	資源回収	・奉仕的行事を実施することにより，地域社会についての理解を深め，社会奉仕 ・社会貢献の精神を養う。
9	運動会	・体力・気力の充実など，心身の健全な発達に資するとともに，運動に親しむ資質や能力を育てる。
10	前期終業式・後期始業式は省略	
11	文化祭	・各教科等で獲得した知識や技能をさらに深めたり発表する能力を育て，他者の発表等を見たり聞いたりする際の望ましい態度を養う。 ・家庭や地域の人々との交流を深め，学校への理解と協力を促進する機会とする。
3	卒業式	・生徒相互が卒業を祝い，喜びを分かち合うことによって，集団の一員としての連帯感を育てる。
3	修了式	・学校生活に有意義な変化や折り目を付け，集団としての節度ある態度を養う。 ・1年間を振り返るとともに，上級学年や上級学校への進級・進学に対する自覚を高める。

第8章　学校行事の特色

表8-5　学校行事の基本計画例―A高校（18学級・生徒数約720名）―

月	行事名	ねらい
4	始業式・入学式・着任式・離任式・健康診断は省略	
5	開校記念遠足	・毎年同じ山に登り，桜を植樹することによって，本校の伝統の重みを知り，その継承を自覚する。
	役員選挙	・生徒会執行部選出を通し，自治の精神を養う。
6	文化講演会	・各界で活躍している卒業生の文化人に接し，文化的素養を養うとともに，進路に関する意識を高める。
	詩の朗読会	・詩作を通して自己を見つめ，詩を朗読する活動を通して言語運用能力を高める。
7	修学旅行・ボランティア清掃・クラスマッチ・終業式は省略	
8	進路	・大学のオープンキャンパスに参加し，進路意識を高める。
	学習合宿	・規律ある学習習慣を確立するとともに，進路意識を高める。
9	始業式	・夏休みを振り返り，2学期に向けての心構えをさせる。
	文化祭	省略
	大学講義	・大学の授業を体験することにより，進路意識を高める。
	オープンスクール	・中学生を招き，学校を紹介することを通して，本校のSIを再確認させる。
10	協議会	・パネルディスカッションに慣れ，社会の課題を自分の課題として考える態度を育てる。
	生徒指導講演会	・生徒指導に関する講演を聴き，生徒としての在り方を考えさせる。
	芸術鑑賞	省略
12	終業式	・2学期を振り返り，冬休みに向けての心構えをさせる。
1	始業式	・冬休みを振り返り，3学期に向けての心構えをさせる。
2	卒業生との懇談会	・各界で活躍している卒業生から高校在学中の話しや社会で求められている資質・能力に係る話を聞き，進路意識を高める。
3	卒業式	省略
	卒業生を囲む会	・大学入試を終えたばかりの卒業生の体験談を聴くことを通して，進路意識を高める。
	クラスマッチ	・サッカー，ソフトボール，卓球，バトミントン等の球技を行うことでクラスの団結を深める。
	修了式	省略

ともにつくりあげているところに特徴がある。

C高等学校では,「文化講演会」「オープンキャンパス」「学習合宿」「大学講義」「卒業生との懇談会」「卒業生を囲む会」などで,生徒の進路意識を高めるとともに,キャリア教育の視点を取り入れているところに特徴がある。

4　学校行事指導案の留意点

　本章では,学校行事の特色に関して,「答申」および改訂された学習指導要領の特徴を取り上げ,具体的な学校行事について概観してきた。今後,改訂された学習指導要領が周知・徹底され,2009年4月から移行措置が図られる。学校行事に関しても,文部科学省や各都道府県教育委員会,市区町村教育委員会の主導のもと,各学校の児童・生徒の実態に応じて特色ある取り組みが行われる。

　その際,指導する側が特に留意すべきことは次の3点である。

　1点目は,学習指導要領の「総則」にある「第1　教育課程編成の一般方針」の「2」に示された道徳性の育成の観点を,指導者がつねに意識しなければならないということである。児童・生徒が道徳的価値に基づいて自己や人間としての生き方について考えを深め,家庭や地域社会との連携を図りながら,集団宿泊活動や職場体験活動,ボランティア活動,自然体験活動などの豊かな体験を通して,児童・生徒の内面に根ざした道徳性の育成が図られるような取り組みが求められている。

　2点目は,学習指導要領の「総則」にある「第3　授業時数等の取扱い」の「5」に示された総合的な学習の時間と学校行事の関係である。各学校では,教育目標の達成に向け,学校教育活動の全体計画の中で,適切に総合的な学習の時間と学校行事の緊密な連携と役割分担を図っていかなければならない。

　3点目は,「答申」の「体験活動の充実」で示された,事前・事後の学習活動の工夫である。学校行事をその場限りの活動で終わらせるのではなく,事前に学校行事を行う意義を子どもたちに十分に理解させ,活動についてあらかじめ調べたり準備したりすることなどにより,意欲や関心を高め,事後にレポー

ト作成・発表活動・意見交流などを行い，評価活動を実施することで，次の活動につなげていくことが大切である。その際，指導する側の評価活動も重要であり，一人ひとりの児童・生徒の成長・発達に留意することが求められている。

参考文献

森嶋昭伸・鹿嶋研之助編著（2000）『改訂高等学校学習指導要領の展開　特別活動編』明治図書

第4期中央教育審議会（2008年1月17日）「幼稚園，小学校，中学校，高等学校及び特別支援学校の学習指導要領等の改善について（答申）」

第3期中央教育審議会教育課程部会（2006年2月13日）「審議経過報告」

文部科学省（2008年3月28日）『小学校学習指導要領』

文部科学省（2008年3月28日）『中学校学習指導要領』

文部科学省（2009年3月9日）『高等学校学習指導要領』

（戸田浩暢）

第9章

特別活動と教科，道徳との関係

　本章では，特別活動と各教科との関係について考察する。わが国の教育課程の中では，特別活動は，Special Activities と英訳されている。文字通り，特別に教育的な価値や意義（意味）をもつ活動と位置付けられている。教育課程に特別に位置付けられていることから，独自性は前提とされながらも，他の各教科，道徳などとの関連性は深い。

　では，特別活動と各教科との間には，どのような関係があるのか。また，どのような関係が期待されているのかをみてみる。

　そこで，第1節では，学習指導要領では，関係をどのように理解しているかをみる。すなわち，基本的には「互いに支え合い，補い合う関係」と捉えており，特別活動の独自性を前提としながらも，相互補完的な関係であると位置付けている。この関係の捉え方に基づいて，どのような相互補完的な関係にあるかを第2節と第3節で探る。つぎに，第4節では，特別活動と道徳との関連についてみることにする。最後に，第5節では，各教科，道徳，特別活動をともに支える学級づくりを取り上げ，その実践に向けての着眼点と方法論を提示している。

1　学習指導要領における各教科との関係

（1）学習指導要領から

　わが国の教育課程の編成は，中学校では，各教科，道徳，総合的な学習の時間および特別活動からなる。それぞれは固有の目標と内容等をもっている。言い換えると，それぞれが違った役割を担いながら，中学校教育の全体の目的や目標の実現に貢献している。しかし，固有のねらいと違った役割をもちながらも，各教科，道徳，総合的な学習の時間等の授業内容・方法と特別活動のそれとの間に関連がないわけではない。むしろ，関連を図る方向で進めることが求められている。

　では，学習指導要領では，関係をどのように記述しているのであろうか。「直接的，あるいは間接的に様々な関連をもっている」という理解である。キーとなる関係は，「それぞれの教育活動が相互に関連し補充し合いながら，それぞれのねらいを達成すること」ができると捉えられている。そして，こうした関連のもとで，「全体として中学校教育の目的や目標を達成することができる」と説明されていることにある。つまり，各教科と特別活動との関係は，「互いに支え合い，補い合う関係」である，としている。

　以上の関係を整理すると，1つは，各教科からの特別活動への貢献である。特別活動における集団活動の基礎となる能力は，各教科等の学習を通して培われていく，と捉えることができる。たとえば，「学級活動，生徒会活動及び学校行事のどの内容でも，話合い活動，言語等による表現や発表など」の活動があり，「活動の企画・立案を行ったり，調査を行ったりする」活動の基礎となる能力は，国語や社会科等の各教科の学習を通して培われると考えられている。もう1つは，特別活動からの各教科への貢献である。各教科で培われる能力が，特別活動における集団活動や体験的な活動を通して培われた自発的，自主的な実践活動によって，発展的に一層高められ深められていくと考えられている。

　さらにこれらに加えて，学習の場としての学級づくりに貢献する特別活動への期待である。つまり，教科の学習が行われる場である学級を，学級崩壊が生

じるような学習が成立しえない場ではなく，子どもの学習活動が充実する場としてつくり出していくことである。そのためには，学級における教師と児童・生徒との人間関係および児童・生徒相互の人間関係を，学習の場にふさわしい人間関係へとつくりかえていかなくてはならない。特別活動の指導には，温かい雰囲気に満ちた人間関係や規律ある学習態度，自主的な学習習慣を育てていくような教師の指導力が求められている。

（2）ある研究授業から

　筆者の個人的な体験から論を始めてみよう。数年前，ある中学校のA先生の研究授業を参観したときのことである。加配教員が加わり，1つの学級を2つの班に分け，少人数授業に取り組んでいた。当然，生徒の人数が少なくなることから，一人ひとりの生徒の発表等の活動の機会が増えることが予想された。しかし，A先生の授業の進行を見る限りでは，学級を2つに分けた意義を特に見出せないような，教師主導のよくみられる中学校の一斉授業に終始していたのである。

　授業の後に，この授業の講評を中心とした校内研修会が開かれ，参観していた各先生から多くの意見が出された。その中のひとつが，次のような疑問であった。それは，「学級を2つに分けたけれど，従来の一斉授業における指導方法と今回の授業はほとんど変わらなかった。学級を2つに分けたのだから，なぜ，生徒にもっと発言させる場を与えたり，話し合わせる場をつくる工夫をしなかったのか？」という授業者への質問であった。

　授業者の応答は確か次のようであったと記憶している。「この学校は農村部にあり，生徒もおとなしく普段の授業でも生徒が積極的に発表することが少ない。授業者としても，授業の進度や教えるべき教科内容の量的な問題もあるので，どうしても教師の説明の時間が多くなりがちです。生徒の話合い活動を取り入れようとしても十分な時間がなく，話し合いの訓練も十分できていないので，話し合いの技術も乏しいのです。授業進度を考えると，ついつい一斉授業になってしまいました」。

　確かに，授業者の応答にも納得させられる点もあった。中学校になると，ど

の教科においても教えなければならない内容は多くなる。また，生徒の学力差も少しずつ大きくなっていく。一定の授業時間の中で，教師は一人ひとりの生徒に教科内容の理解を図らなければならない。授業者が考える授業の現状において，こうした生徒の活動を多くして，はたして授業の効果が上がるのであろうか。教科内容の進度との兼ね合いで，話し合いの時間を十分に取れない場合が多く，限られた授業時間の中で，どのようにして効果的な話合い活動ができるのか。教科の授業の中に効果的な話合い活動の技術を身に付ける時間を作れるのか。おおよそ，以上のような応答であった。

　一見すると，多くの教材内容を教師の思い通りに提示することのできる説明中心の一斉授業が，最も効果的な授業方法であるかのようである。この応答を聞いた教師の中にも，頷く者が多くみられた。しかし，そうであるなら，加配の教員増を図り，少人数授業に取り組む意義や効果は乏しいものになってしまうように思えた。そのとき，少人数授業のあり方を校内研修のテーマとして研究を推進する校長が，その場の少しの沈黙を破るように次のように発言・助言した。「授業者が言われることも確かに一理はあるが，すべての課題を教科の授業の場で達成しようとしても無理があります。話合い活動の技術は特別活動の場で培えば，教科の授業の場で生かせます。特別活動の中の学級活動の時間での話合い活動を教科の授業の場で生かすことも考えて，学級活動の授業を工夫していますか。していないなら，工夫すべきです」。普段，生徒の教育をより大きな視点から捉え，教師への助言指導を行う校長のリーダーシップの一端に触れることができたのである。

　各教科と特別活動とが「ともに支え合い，相互に補い合う関係」にあることを知識として理解していても，教師一人ひとりが自らの実践の場でこの関係を意識化し，実践することができているとは限らない。ついつい教科の授業と特別活動の授業とが離れた関係になっている場合も多いのである。たとえば，授業の場では，生徒同士の間での発言を競うなどの競争心を煽り，学習への意欲化を図ろうとする教師が，学級活動の授業では，他者への助力や協調，他者との協同的な活動を望ましいことと考えて奨励しているケースも少なくない。こうした教科と学級活動にみられる授業方法に違いがあるとするならば，それを

第9章　特別活動と教科，道徳との関係

教師が意識化していかなければ，両者の関係は，「ともに支え合い，相互に補い合う関係」とは言い難い，遠い関係に陥っていくばかりである。

2　特別活動から各教科へ

（1）集団活動を生かす

　「ともに支え合い，相互に補い合う関係」を基本とする場合，まず，教師に求められるのは，特別活動における成果を教科の授業の中に生かすという姿勢であろう。先の校内研修を例として考えると，生徒が教科の授業の中で話合い活動を行うための時間を十分に取れない場合には，学級活動の時間の中で積極的に取り組ませ，話し合いの技術等の指導に取り組むことが必要である。

　もちろん，話合い活動の基礎は，国語科の授業で学習する。話し方，聴き方，書き方，読み方等のコミュニケーション能力の基礎的な部分は，国語科の授業を通して学ばれている。しかし，その学びだけで十分に満足できるレベルのコミュニケーション能力を実践的に身に付けさせることは容易ではない。そこで，国語科の授業場面だけでなく，学級活動をはじめとする特別活動の諸場面で，より自主的，実践的にコミュニケーション能力を身に付けさせていくことが求められる。話合い活動に取り組む国語科と学級活動のそれぞれの目的が違っていても，話合い活動の方法には大きな差違はないはずである。話合い活動がうまくいかない原因を探ってみても，国語科と学級活動とも同じである。たとえば，子どもの発言が止まったから話し合いをさせる，話し合う必要もないところで話合い活動を取り入れる，何を話し合ったらいいか問題も課題も不明確な状態で話合い活動に入る，ただ自分の意見の正しさを主張するのみで相手の意見を否定することに力を注ぐ，といったことなどは，論外であろう。

　特別活動の場面では，子どもたちが自主的に話合い活動をもつ機会は多い。もちろん，教師のしっかりした指導のねらいや手だてがあって話合い活動もうまくいく。特別活動の特徴は，他者の話や意見を他者の立場に立ってじっくりと聞き，自らの意見や感想を発表し，必要な資料を収集しその資料を読み解く，自分の考えをノートにまとめるなどの学習や活動を普段に展開し，生産的な話

合い活動をめざすことにある。また、特別活動の特徴は、活動の成果よりも活動の過程を重視することにある。こうした特別活動における学習の成果や実践的な学習態度を教科の学習に生かしたい。

なお、話合い活動に限らず、子どもの集団活動では、子どもの創意工夫とか創造性の発揮が重要である。子どもの創意工夫のない活動はやらされている活動になる。たとえ毎年行われている恒例の活動でも、マンネリ化すると活動の意義は乏しくなり、活動への意欲は低下する。これでは特別活動のねらいである自発的、自主的な実践的活動とは遠いものとなる。活動が停滞し、子どもの創意工夫がみられない特別活動では、教科の学習との関連性も乏しくなってしまう。

（2）体験的活動を生かす

特別活動では、特に体験的活動の充実が求められている。もちろん、これまでも「なすことによって学ぶこと」は、特別活動の方法の特質である考えられてきたが、近年、体験的活動の意義や役割への関心が一層高まっている。ボランティア活動に始まり、遠足・旅行的行事、集団宿泊的行事、飼育・栽培活動、勤労生産活動、職場体験等のインターンシップなど、活動は内容も豊富で多様である。自然的な体験あり、文化的・学芸的な体験あり、社会的な体験あり、身体的・運動的な体験あり、職業的な体験あり、である。

体験的活動に関して、学習指導要領解説の中では、学校行事における充実すべき課題として「ボランティア活動への積極的取り組み」「幼児、高齢者、障害のある人々などとの触れ合い」「自然体験や社会体験の充実」などが特記されている。さらに、学級活動などにおいても体験活動の充実が求められている。

では、体験的活動にはどのような方法的な特徴があるのであろうか。まず、体験的活動は、受け身の活動でなく能動的な活動である。頭だけの理解に終わらず、身体全体を使った取り組みであり、五感を使って、驚きあり、感動ありといったより深いレベルで活動内容の意味や意義の理解が図られることが期待されている。しかも、体験的活動は、一人で行う個人的な活動ではなく、他者との関わりの中で行われるという社会性、とりわけ対人関係能力やコミュニ

ケーション能力を同時に育てるという特徴をもっている。

　また，体験的活動では具体的な事物や地域の人々との関わりがもたれるために，自然や社会の現実に触れる機会となる。しかも，自主的に活動に取り組む中には，失敗体験も成功体験もありの試行錯誤が重ねられている。体験的活動では，子どもたちは，活動を通して自然のすばらしさや厳しさを感じ，地域でのさまざまな人たちの実際の生活に触れて，社会のあり方などを学ぶことができる。そして，教科の授業では得がたい感動体験を得ることも可能である。

　さらに，体験活動は，具体的で実践的である。しかも，この体験活動の豊かさはイメージやイマジネーション（想像）の豊かさを生みだすもとになっている。このイメージやイマジネーション（想像）は創造と深く関わっており，子どもの創造性や創意工夫を促す活動となっている。体験活動が子どもの創造性の育成に対してもつ意義は大きい。たとえば，ボランティア活動についての話を他者から聞いて学ぶとか，本に書かれていることを読んで理解するだけにとどまるのではなく，ボランティア活動に自主的に取り組んでみる体験によって，子どもはボランティア活動を身近に感じることができ，自らの創意工夫も生まれ，ボランティア活動についてのイメージを豊にすることができ，活動内容を豊かに発展させていくこともできる。こうした体験活動で培う実践活動の成果を教科の学習に生かしていきたいものである。体験活動を通した，教科の学習への興味や関心が高まり，理解の深まりが期待される。

3　各教科から特別活動へ

（1）教科学習を基盤とした実践的な活動へ

　特別活動では，学級活動をはじめ，いろいろな活動の諸場面で，話合い活動が多くみられる。このため，学級活動の授業時間では，話し合いの技術や方法を身に付けさせることが大切になる。たとえば，発表の仕方，メモやノートの取り方，司会や書記の仕方，班の意見や考えを学級全体に発表する仕方などのコミュニケーション技術の基礎・基本の習得が図られている。もちろん，こうした学びの基礎は国語科の授業で培われる。話合い活動を子どもたちが自主的

に実践することができるためには，その基礎を教える教科（国語科）での学習が不可欠となるであろう。

　だが，先の授業例のように，子どもたちは知識として話し合いの方法をすでに学習し理解しているものの，実際の場では容易に使用することはできていない。方法に十分な習熟ができていない。こうした場合には，話合い活動の実践が多い学級活動の時間を活用しながら，話合い活動に習熟させる実践が求められる。

　ここで，話合い活動の方法と技術について，少し触れておこう。話合い活動の指導をうまく行うには，どのような点に留意すべきなのであろうか。

　ところで，話合い活動に取り組むとうまくいかないことも多い。たとえば，小集団（班）で話し合いを行う場合，学級全体での話し合いに比べて，人数が少ないために気楽に話し合うことができ，個人の発言の機会も増える。しかし反面，単なる「おしゃべり」になったり，時間がかかる割には話し合いのねらいや課題の達成が効率的には進まない，などの批判は多く聞かれる。また，小集団（班）で話し合いをするということを，みんなの意見を何か1つの意見にまとめることだといった考え方に囚われた子どもも多い。まとめる話し合いも確かに必要であるが，意見の集約を図ることだけが話し合いではない。まとめる話し合いに終始すると，自分の意見が生かされないから話し合いは嫌だという子どもが出てくる。さらに，「班で話し合いなさい」という指示だけでは，話し合いは決してうまくいかない。やはり，効果的な話合い活動をもつためには，方法と技術への習熟が必要となってくる。

　さて，話し合いを進める着眼点として，思考の性質に応じて行うことが有効である。思考の性質は，生産的思考と再生産的思考とに大別される。そして，生産的思考には，発散的思考，収束的思考，収斂的思考の3つが含まれる。すなわち，話し合いの方法の留意点は，次の4つである。

(1) 発散的思考

　考えを出し合い，集める話し合いである。話し合いがもつ良さの1つが，自分ではなかなか思い付かないような考えやアイディアが他のメンバーから出されたり，また，そうした考えやアイディアに触発されて，それをヒントにして，

自らも少し違った考えやアイディアを生みだすことができることである。こうした話し合いをより豊かにするためには，当然，考えや情報をなるべく多く集めたり，出し合うことが大切である。
(2) 収束的思考
　考えをまとめ，たばねる話し合いである。これは，考えを出し合い，集める話し合いの次にくる場合が多い。出された多くの考えや情報を，それぞれ比較し，関係付け，取捨選択する，といった作業を進めていく。集められたいろいろな考えの異同を明らかにしていくこと，よく似た考えを集め（まとめ）てそれをくくる言葉を考えていくこと，自分の考えと他の人の考えとがどのように関わっているかをはっきりさせるなどが中心となる。
(3) 収斂的思考
　正しい考えを突きとめ，求める話し合いである。この話し合いでは，正しい解答をした者と間違った解答をした者とをはっきりさせる。あるいは，どこが間違っているかをはっきりさせることをめざす話し合いである。そして，間違った解答をした者にはわかるまでよく説明することが大切である。
(4) 再生産的思考
　覚える，慣れる，見返す，確かめる話し合いである。これは話し合いという活動にとどまらず，身体的活動をともなう集団活動にもなる。

　以上，4つの話し合いの方法と技術への習熟にふさわしい場が学級活動を中心とした特別活動の諸場面である。

（2）教科学習の発展として

　教科の内容面との関連を図ろうとする考え方は重要である。各教科で学んだ知識や技術，獲得した力を一層生かすねらいで位置付けられてきたのがクラブ活動である。平成10年の学習指導の改訂では，全体的な授業時間の削減が行われ，それ以降，クラブ活動は小学校にだけに存続している。国語，理科，社会，図画工作（美術），体育（保健体育）等の教科の学習で培われた興味や関心を一層発展させる活動時間としてクラブ活動は位置付けられてきた。確かに，ク

ラブ活動は，教科学習の成果やそこで培われる学習への意欲の高まりがなくては存在意義がないに等しい。クラブ活動は，単に同好の子どもたちが取り組む遊びや活動ではない。教科学習の発展をめざして行われる，同好の子どもたちが取り組む自主的な集団活動であり実践的な活動である。

　もちろん，クラブ活動にとどまらない。学校行事の場合，教科の学習との関連は深い。たとえば，学習指導要領では，文化的行事は，平素の学習活動の成果を発表したり（小・中学校），平素の学習活動の成果を総合的に生かし（高等学校），その向上の意欲を一層高めたり，文化や芸術に親しんだりするような活動を行うこと，とされている。言うまでもなく，平素の学習活動とは，国語，社会，理科，図画工作（美術）等の教科の学習の成果であり，この成果を学校行事に生かすのである。写生会や音楽会の充実のレベルが美術や音楽の教科の学習の成果に依存するところが大きいことはよく知られている。もちろん，健康安全・体育的行事，旅行・集団宿泊的行事，勤労生産・奉仕的行事などが教科の学習の成果の生かし方に大きく依拠し，行事の活動内容が教科の学習においてどの程度充実するかに大きく依拠している。また，生徒会活動も，社会科や公民科の学習と密接に関連している。

　以上の内容面での関連だけでなく，次のような活動の方法という点での関連もまた重要である。すなわち，近年，特別活動の分野では，子どもの自主性や，課題探求，創造性の育成という観点から，課題解決型の集団活動やプロジェクト法的な活動などが求められている。すなわち，自分たちで課題を発見する活動，課題解決への筋道を探り仮説を立てる活動，その仮説を検証する努力をする活動，成果をまとめ，報告し，発表会を持つなどの活動である。特別活動は，教科の学習とも関連が深い活動である。

　言うまでもなく，こうした集団活動に取り組むと，日頃の集団活動の成果が表出されてくる。言い換えると，日頃の集団活動が十分に行われていないと，こうした課題解決型の集団活動は決してうまく進まない。集団活動は，ほかのメンバーとともに課題を考えたり，実際に資料を調べたり，班の中で仕事を分担して，観察したり，実験したり，地域に出かけたり，班の成果を学級や学年集会の場で，成果を発表したりする活動である。計画から運営まで，子ども自

らの手で進める活動のどれ一つをとってみても、子どもの創意や工夫が求められるし、活動の方法への習熟レベルも重要となってくる。まさに日頃の活動への取り組みそのものが試される活動が期待されているのである。もちろん、こうした活動は特別活動の枠内だけでは達成できないし、教科との関連がなくては成果は決して上がらないのである。

4 道徳との関係

　道徳との関連を特にみてみよう。学習指導要領によると「学校における道徳教育は、道徳の時間を要として学校の教育活動全体を通じて行うものであり、道徳の時間はもとより、各教科、総合的な学習の時間及び特別活動のそれぞれの特質に応じて、生徒の発達の段階を考慮して、適切な指導を行わなければならない」と規定されている。この規定に従うと、道徳教育は、特別活動の領域においても必要であると言うことである。

　では、特別活動における道徳の指導について、どのように理解すればよいのか。特別活動と道徳との関係を考えてみるが、特別活動と教科の関係を考えるよりも少し難しい。特別活動と道徳は緊密な関係にあり、境界線を明確に引くことができるほど単純な関係ではない。それは、道徳は道徳性を育てることを主眼とし、特別活動は主に社会性を育てることを目標やねらいとしていることと深いつながりがある。特別活動と道徳の目標やねらいには当然違いはあるが、人間の能力という点からみてみると、人間の能力は知的能力、創造的能力、身体的能力、美的（情操）的能力、道徳的能力、社会的能力等に一般的には区分されている。しかし、道徳的能力（道徳性）と社会的能力（社会性）の間を、内容や領域によって厳密に区分することは容易ではない。道徳的能力と社会的能力は、人間の同じ行動や態度を別の視点（perspective）から捉えた場合に、違う能力として区分されている側面があるからである。このために、たとえば、特別活動の目標に掲げられた、人間としての生き方についての自覚とか、自己を生かす能力などの文言は、道徳にも求められており、道徳と特別活動とが共通している面が多く、特別活動と道徳が育てる能力という点では、ねらいや内

容において共通する面が含まれている。

　それでは，ねらいや内容において共通する点が多い，特別活動と道徳の関係を2つの点から考える。1つは，特別活動と道徳との内容面での共通なところをみていこう。学習指導要領の総則で示されているが，「学校における道徳教育は，道徳の時間を要として学校の教育活動全体を通じて行うもの」と定められている。そして，「道徳の内容は，生徒が自ら道徳性をはぐくむためのものであり，道徳の時間はもとより，各教科，総合的な学習の時間及び特別活動においてもそれぞれの特質に応じた適切な指導を行うものとする。」と記されており，特に，特別活動の目標には，「道徳教育がねらいとする内容と共通している面が多く含まれており，道徳教育との結び付きは極めて深い。」としている。では，道徳教育の視点からみて，中学校学習指導要領に示された特別活動の目標の文言の中にはどのような共通する面があるのか。次のような共通な面が学習指導要領の中で指摘されている。すなわち，「心身の調和のとれた発達と個性の伸長，自主的，実践的な態度，人間としての生き方の自覚，自己を生かす能力など」である。これらは内容面での関連の深さや重なりを示すものである。

　もう1つは，学級活動，生徒会活動，学校行事で構成されている特別活動の指導の場面において，道徳教育が展開されるとするならば，特別活動における道徳教育はどのようなものとして理解されるべきか。中学校学習指導要領によると，「特別活動における学級や学校生活における望ましい集団活動や体験的な活動は，日常生活における道徳的実践の指導をする重要な機会や場」であると位置づけている。「具体的には，例えば，自分勝手な行動をとらずに節度ある生活をしようとする態度，自己の役割や責任を果たして生活しようとする態度，よりよい人間関係を築こうとする態度，集団や社会の一員としてみんなのために進んで働こうとする態度，自分たちで約束をつくって守ろうとする態度，目標をもって諸問題を解決しようとする態度，自己のよさや可能性に自信をもち集団活動を行おうとする態度などは，集団活動を通して身に付けたい道徳性である。」と記されている。このため，特別活動の指導計画の作成に当たって，配慮する事項のひとつとして次のように中学校学習指導要領に記されている。

「道徳の目標に基づき、道徳の時間などとの関連を考慮しながら、第3章道徳の第2に示す内容について、特別活動の特質に応じて適切な指導をすること。」を特に指摘している。

このことから、学級活動、生徒会活動、学校行事において展開される各種の活動を、道徳性の育成に資するという視点から、道徳に示す内容に則して捉えることが重要であり、必要である。たとえば、特別活動における異学年の子どもとのふれ合い、地域の人々とのふれ合い、自然とのふれ合いなど、集団活動や体験的な活動は道徳性を養うための重要な場や機会となる。協力とか共生について、活動を通して振り返えり、考えることで道徳性が養われ、子どもの心も豊かになる。望ましい集団活動や体験的な活動が、道徳的価値の自覚を深める道徳の時間の学習により大きな効果をもたらすであろう。特別活動は道徳教育と連動することによって子どもの行動や実践をよりよいものにしていく。

5　各教科，道徳，特別活動をともに支える学級づくり

（1）学級の準拠集団化

　学級経営がうまくいくと、各教科での学習や活動にも好ましい影響があることはよく知られている。学級経営とは学級づくりとも呼ばれる。学級づくりのねらいは、学級における教師と子ども、子ども相互の人間関係を好ましいものにしていくことである。つまり、学級において好ましい人間関係を形成することによって、教科の授業の効果を高めるうえでも、また、特別活動のねらいである集団活動の充実という点でも重要であると考えられているのである。

　では、学級づくりとはどのような学級をめざす活動であるか。学級は、1年間という期間の中で、同学年の40人以内の子どもで構成される。子どもにはどの学級を選ぶかの選択権はない。同じ学級に所属する仲間を選択することもできない。言わば強制的に与えられるという性格を強くもつもの、それが学級である。したがって、学年当初は、誰もが居心地の悪さを感じるものである。そのため、身体は強制的に所属させられているものの、心はここにあらずといった子どもは多いはずである。

学級づくりとは，学級のこうした強制的に割り当てられた「所属集団」から，子どもが自分の居場所であると心の底から思うことができ，自らの行動や判断の基準になりうるような「準拠集団」へとつくり変えていく仕事である。もちろん，教師には，学級づくりのねらいを踏まえた多大の努力と創意工夫が求められる。たとえば，新学期当初に学級づくりで実践されていることは，学級活動の時間における学級目標づくりである。子ども一人ひとりに，これから一年間所属する学級をどのような学級にしていきたいかという，それぞれの思いを出し合わせ，学級目標をつくりあげていく活動である。一人ひとりの思いや願いが生かされ，集約された目標となって初めて，1年間の学級の活動が始まるのである。教師が一方的に決定する学級目標では，子どもにとっては与えられた目標でしかなく，自分の内なる目標には容易にはなりえない。自主的な活動も生まれることはない。

　そして，学級づくりの中で重要なことは，学級における温かい雰囲気づくりである。他者に対していかなることにも欠点を言い立て，攻撃的な態度を取るような，とげとげしい雰囲気が学級に生まれると，各教科の授業はうまくいかないし，学級活動への主体的な参加意欲も低下し，活動は低調になる。こうならないためにも，学級の中には，温かい雰囲気づくりや好ましい人間関係がつくられなければならない。教科の授業や学級活動を充実させるためには，学級の中で子どもが相互理解を深めること，すなわち，自分の問題を素直に打ち明け合い，互いに他者の問題を自分の問題と受け止め合い，ともに問題解決に取り組んでいこうとする雰囲気や意欲を，学級内に育てることが必要である。学級内にこうした雰囲気（規範とか，行動の基準）が育たないと，効果的な指導は生まれにくい。このような特徴をもつ学級の雰囲気づくりに一役かっているものとして，温かい雰囲気づくりや好ましい人間関係を考える際の有効な概念として支持的風土（supportive climate）を挙げることができる。

（2）支持的風土づくり

　支持的風土とは，次のような特徴をもっている。① 仲間との間に自信と信頼がみられる。② 何でもものの言える楽しい雰囲気が漂っている。③ 組織と

して寛容と相互扶助がみられる。④ 他の集団に対して敵意が少ない。⑤ 組織や役割が流動的である。⑥ 目的追求に対して自発性が尊重される。⑦ 積極的参加がみられ，自発的に仕事をする。⑧ 多様な自己評価が行われる。⑨ 協同と調和が尊重される。⑩ 創造的な思考と自律性が尊重される。

なお，これとは相対立する集団の雰囲気を，防衛的風土（defensive climate）と呼ぶ。次のような特徴をもっている。① 仲間との間に恐怖と不信がみられる。② 攻撃的なとげとげしい雰囲気がある。③ 組織として統制と服従が強調される。④ 戦闘的で地位や権力への関心が強い。⑤ 目的追求に操作と策略が多い。⑥ 党派的分裂，班と班との対立，競争関係がある。⑦ 保守的で他律性が強い。

集団活動を通して，防衛的風土をつくることなく，支持的風土をつくることが重要になる。支持的風土を形成していくための実践的な方法と観点を挙げておこう。1つは，相手の身になり，相手の立場に立ち，相手の考えや思いをくみとる態度を育てることである。2つは，相手の考えや行動の中に長所を探すこと。欠点を指摘するよりも，良いところを伸ばそうとする態度を育てることである。3つは，相手のまちがいや失敗を笑ったり馬鹿にしない態度を育てることである。教室の中の自由やはみ出し，そして創造性の芽を大切にする態度を育てることが求められる。

（3）規律をつくる

よりよい学級を築こうとする自主的，実践的態度を育てるためにはどのような手立てを考えればよいのであろうか。支持的風土づくりと並んで重要なことは，学級の規律づくりである。「規律」や「規範」という言葉を聞くと，子どもの個性や自由や主体性とは相容れない，と単純に反応する教師や大人も少なくない。これは，「集団」という言葉やそのイメージを次のように考えているからである。すなわち，集団とは，個人を超えたもので，個人の行動や考えを抑圧するものである，といった個人のはみだしを認めず，集団で決めたことへの全面的な服従を強いるものが集団である，といった誤った考え方である。確かに，社会の中にはこうした個人に服従を強いるような集団や組織もないと

は言えない。しかし，学習の場，とりわけ学級という場で，編成される集団，学習を目的としてつくられる集団は，集団への服従を個人に強いる見方やイメージとは正反対のものでなければならない。言いかえると，学級の規律づくりは，子どもの個性を育て，主体性を発揮させる行動の基準でなければならない。

　では，集団の規律はどのように考えればよいであろうか。集団での標準的な行動の基準を規範とか規律と呼ぶ。したがって，集団において，どのような行動を基準とするかが重要となる。たとえば，集団でその基準とする「きまり」をつくる場合にも，さまざまな問題がある。すなわち，みんなが納得するきまりをつくるか，納得しない者がいても一部の者で強引にきまりをつくるかという，きまりのつくり方の問題がある。また，学習や活動の方向を示すようなきまりか，禁止や取り締まりをめざすきまりかという，きまりの中身の問題，さらに，きまりを守った場合と違反した場合への対応の仕方の問題などもある。

　こうした「きまり」に関わる問題などを，どのように考えるかが重要となってくる。集団は個人の個性や主体性を抑圧すると捉える教師の考える「きまり」と，逆に，個人の個性や主体性を育てる集団をめざす教師が考える「きまり」とは，まったく異なるであろう。めざすべきは，「血の通った温かい規律」である。たとえば，教師においては，① 生活の中で納得され，② 項目が少なく，③ 禁止でなく幅のある方向で示し，④ 減点法をとらず加点法で，⑤ きまり自らが変わっていく，心得をもとに規律づくりをしていくことが望まれる。

　これらの心得から，集団内の他のメンバーの欠点や短所を批判するのではなく，長所や良さを認め合うことが大切にされなければならない。このためにも，学習への意欲付けのために，班競争を多用するなどは論外である。どの班が優れてどの班が劣っているかに一喜一憂したり，競争で負けないように他の班を攻撃したり批判したりすることが起こることがない指導，競争重視に陥ったり懲罰的な態度を育てない指導が重要となる。

（4）役割分担の工夫

　特別活動では，係や役割分担をどのように考えるかということも重要である。たとえば，学級づくりでは，日直や掃除当番のように順番に回ってくる当番的

な係り（役割）のように学級生活の利便性というねらいだけでつくる役割のみでは十分ではない。美化班，図書班，新聞班などの小集団（係りや班）をつくることも重要である。それは，学級での集団活動が充実するとともに，子どもたちの自主性，創造性，個性を一層発揮させることが可能だからである。また，学級の文化が育ち，高まる契機となる。さらには，教科の授業においても，数学班や国語班などの教科班を編成し活用することは，教科の学習の充実にとって有効な実践となる場合が多い。

では，どのように役割づくり（係り）を考えればよいのであろうか。これを考える際には，「一人一役」と「輪番制」という考え方が有効である。

まず，係や分担した仕事（役割）を遂行することを通じて，子どもたちの指導性（リーダーシップ）や役割意識を育て，集団活動の良さを学ぶ機会としたい。そのためには，一部のリーダーにかなう者を教師があらかじめ固定的に想定し，少数の班長（エリート）をまず最初に育成しようとする考え方を取らない方がよい。つまり，リーダーシップを特定の少数の子どもの独占物にしないといった考え方を採用し，集団活動の充実をめざすことが大切である。なぜなら，いつもリーダーになれない者は，どうしても意欲が低下してしまう。誰もがリーダーになれる機会のある集団の組織づくりや雰囲気づくりを考えていくことが，実践上必要である。

なお，この「一人一役」という考え方は，40人学級であれば，40人を機械的にすべて違った役割（係）につけるということではない。2人で同じ役割（係）をしても当然良い。つまり，すべての者が何らかの役割（係）を担い，その役割遂行を通して責任感や連帯感，活動での有能感をともに育てていくことを望ましいと考えているのである。

さらに，「一人一役」という考え方を発展させて，役割の「輪番制」の導入が望まれる。たとえば，お互いが分担した係の仕事について気をつけ合うとか，ほかの人の係の仕事をいつか自分も替ってすることになるのでよくみておこうとか，ほかの係の仕事との関連を図りながら自分の分担した仕事を行おうとか，自分が分担した仕事を創意工夫してより豊かにしていきたいとか，自分が係としていろいろ工夫したことを，次にその係に就く人に教えてあげたいと思える

ような活動が有効である。

参考文献

文部科学省編（2008）『小学校学習指導要領解説　特別活動編（平成20年8月）』東洋館出版。

文部科学省編（2008）『中学校学習指導要領解説　特別活動編（平成20年9月）』ぎょうせい。

文部科学省編（2010）『高等学校学習指導要領解説　特別活動編（平成21年12月）』海文堂出版。

文部科学省編（2008）『小学校学習指導要領解説　道徳編（平成20年8月）』東洋館出版。

文部科学省編（2008）『中学校学習指導要領解説　道徳編（平成20年9月）』日本文教出版。

相原次男・新富康央・南本長穂編（2010）『新しい時代の特別活動——個が生きる集団活動を創造する』ミネルヴァ書房。

南本長穂編（2016）『新しい教職概論』ミネルヴァ書房。

（南本長穂）

第10章

特別活動と総合的な学習の時間との関係

　学校（小・中学校及び高等学校）教育の目標は，教育課程に定める教科（科目）・領域の成果が統合されて初めて達成されるものである。学習指導要領総則における「各教科等及び各学年相互間〔小・中，高：各教科・科目等について相互〕の関連を図り，系統的，発展的な指導ができるようにすること」との規定は，それぞれの教科（科目）・領域の目標の実現をめざすとともに，他の教育活動との関連を図ることが，児童・生徒の「生きる力」の育成（知・徳・体にわたる調和のとれた育成）の基盤となることを示している。ともに教育課程に定められた領域の一つである「特別活動」と「総合的な学習の時間」との関係に着目する本章は，かかる学校教育の本来的な課題に応えようとするものである。

　本章では，第一に，その共通性と固有性に着目しながら，両領域の目標および内容について述べる。そして，第二に，特別活動と総合的な学習の時間との関係を踏まえた実践事例をもとに，そのよさについて述べていく。本章と第2章および第9章とをあわせて読み解くことを通し，よりよい特別活動の指導を教育課程全体の視座から構想するポイントについて学び取っていこう。

1 特別活動と総合的な学習の時間との目標・内容の関係

　特別活動と総合的な学習の時間との関係への着目は，平成20年の学習指導要領改訂で新たに総則へ規定された「総合的な学習の時間の実施による特別活動の代替」〔小・中：第３の５，高：第４款の８〕という課題に応えるものでもある。
　同規定は，以下の通りである（小・中・高で共通）。

> 　総合的な学習の時間における学習活動により，特別活動の学校行事に掲げる各行事の実施と**同様の成果が期待できる場合**においては，総合的な学習の時間における学習活動をもって相当する特別活動の学校行事に掲げる各行事の実施に替えることができる。
> 　　　　　　　　　　　　　　　　　　　　　　　　　（太字・下線は引用者が附記）

　代替の条件「同様の成果が期待できる場合」については，各校種の『学習指導要領解説　特別活動編』において「学習指導要領に示した特別活動の目標や内容と同等の効果が得られる場合」〔小：28頁，中：22頁，高：16頁〕と説明されていることから，代替の適否を判断する際には，特別活動と総合的な学習の時間との両方の目標や内容の理解が不可欠である。もっとも，両領域の目標や内容を理解する必要性は，かかる代替措置のためにではなく，学校教育の本来的な課題に応えるためである。
　学級（ホームルーム）活動，児童（生徒）会活動，クラブ（部）活動の指導についても，本章冒頭の総則の規定を受け，各校種の学習指導要領「特別活動」の第３の１(1)において，次のように示されていることに留意することが大切である。

> 　特別活動の全体計画や**各活動・学校行事の年間指導計画**の作成に当たっては，学校の創意工夫を生かすとともに，学級や〔小のみ〕学校の実態や児童〔小，中・高：生徒〕の発達の段階など〔小・中，高：発達の段階及び特性等〕を考慮し，児童〔小，中・高：生徒〕による自主的，実践的な活動が助長されるようにすること。また，各教科，道徳，外国語活動及び**総合的な学習の時間**〔小，中：各教科，道徳及び**総合的な学習の時間**，高：各教科・科目や**総合的な学習の時間**〕などの**指導との関連を図る**

とともに，家庭や地域の人々との連携，社会教育施設等の活用などを工夫すること。その際，ボランティア活動などの社会奉仕の精神を養う体験的な活動や就業体験などの勤労にかかわる体験的な活動の機会をできるだけ取り入れること〔高のみ〕。

（太字・下線及び〔　〕内の補註は引用者が附記）

それでは，特別活動と総合的な学習の時間との目標，その目標の具現化を図るための内容には，それぞれ，どのような関係があるのであろうか。

（1）特別活動と総合的な学習の時間との目標の関係

学級（ホームルーム）活動，児童（生徒）会活動，クラブ（部）活動〔中学校・高等学校における部活動は，平成10年改訂によりクラブ活動が廃止されたため，クラブ活動との関連で言及がなされていた記述がなくなった。本項（1）および次項（2）では，今回の改訂で新たに規定された「総則第4の2（13）」にかかる『学習指導要領解説　総則編』の記述から，目標（基本的意義）を摘記する〕および学校行事の4〔小，中・高：3〕内容の目標を総括する特別活動の目標〔総括目標〕，および，各学校が目標を定める際に踏まえるものとして平成20年改訂で新しく設定された総合的な学習の時間の目標とを，前提目標・内容目標・究極目標の3つの意味段落に分類して示すと，次頁の表10-1の通りである。

第一に，前提目標〔特：①，総：Ⅰ〕であり，特別活動に特有な学習の在り方は「望ましい集団活動」，総合的な学習の時間に特有な学習の在り方は「横断的・総合的な学習や探究的な学習」であること，すなわち，それぞれが当該領域に固有な方法原理であること（①を欠いた特別活動，Ⅰを欠いた総合的な学習の時間は有り得ないこと）を示している。これが両領域の大きな異なりである。

他方，この両領域の固有性は，両領域の関連を踏まえるメリットとして生かし合うこともできる。たとえば，特別活動ならではの集団活動で培われることが期待できる「活動の目標を全員でつくり，その目標について全員が共通の理解をもっていること」「活動の目標を達成するための方法や手段などを全員で

表10-1 特別活動の目標〔総括目標〕,総合的な学習の時間の目標

特別活動の総括目標	総合的な学習の時間の目標
《前提目標：特有な学習の在り方,方法原理》 ① 望ましい<u>集団活動</u>を通して, 《内容目標：資質や能力及び態度》 ② 心身の調和のとれた発達と個性の伸長を図り, ③ <u>集団〔小,中・高：集団や社会〕の一員としてよりよい生活や人間関係を築こうとする自主的,実践的な態度</u>を育てるとともに, 《究極目標：めざす児童生徒の端的な姿》 ④ 自己の生き方〔小,中：人間としての生き方,高：人間としての在り方生き方〕についての考え〔小,中・高：自覚〕を深め, ⑤自己を生かす能力を養う。	《前提目標：特有な学習の在り方,方法原理》 Ⅰ 横断的・総合的な学習や探究的な学習を通して, 《内容目標：資質や能力及び態度》 Ⅱ 自ら課題を見付け,自ら学び,自ら考え,主体的に判断し,<u>よりよく問題を解決する資質や能力</u>を育成するとともに, Ⅲ 学び方やものの考え方を身に付け, Ⅳ 問題の解決や探究活動に主体的,創造的,<u>協同的に取り組む態度</u>を育て, 《究極目標：めざす児童生徒の端的な姿》 Ⅴ 自己の生き方〔小・中,高：自己の在り方生き方〕を考えることができるようにする。

（註）見出し記号・太字・下線および〔　〕内の補註は引用者が附記。また、3意味段落での分類は引用者によるものである。

考え，話し合い，それを協力して実践できること」〔『小学校学習指導要領解説　特別活動編』9頁〕は，総合的な学習の時間で育てることが求められる「協同的に取り組む態度」（Ⅳ）の基盤として貴重である。この，協同的に取り組む態度を育てる指導のポイントとして，「学級集団や学年集団を生かすことで，個の学習と集団の学習が互いに響き合うことに十分留意し，質の高い学習を成立させること」〔『小学校学習指導要領解説　総合的な学習の時間編』93頁〕が挙げられているが，学級や学年での集団活動を通すという固有性を有する特別活動での学びが基盤にあってこそ成立するものといえる。また，たとえば，総合的な学習の時間ならではの探究的な学習を通して修得されていく「課題の設定→情報の収集→整理・分析→まとめ・表現」という探究の過程〔『解説　総合的な学習の時間編』小：86〜91頁，中：84〜89頁，高：71〜75頁〕は，特別活動で育てることが求められる社会的な資質である「よりよい生活や人間関係を築こうとする自主的，実践的な態度」（③）の基盤を成していく。この社会的な資質を育てる指導のポイントとして，「諸問題の解決に向けて思考・判断を深める」〔『解説　特別活動編』11頁〕こと，および，「集団による問題解決の場面では，自己の主張を他に押し付けるだけでなく，自他の主張をそれぞれ生かすことのできる，より高次の立場を発見する必要があること」〔『解説　特別活動編』中：10頁，

高：8頁〕が挙げられているが，探究の過程を経て「相手意識や目的意識を明確にしてまとめたり表現したりすること」「自分自身の考えや新たな課題を自覚すること」〔『解説　総合的な学習の時間編』小：90頁，中：88頁，高：74頁〕を修得する探究的な学習を通すという総合的な学習の時間での学びが基盤にあってこそ成立するものといえる。このように，特別活動と総合的な学習の時間，それぞれの固有性には他方の資質や能力および態度を育てる基盤として生かし合えるというメリットがあり，両領域の関係は深いのである。

　第二に，内容目標〔特：②③，総：ⅡⅢⅣ〕では，両領域とも児童・生徒が自主的あるいは主体的に物事に取り組む態度を養うことをねらっているところに，共通性を見出すことができる。特別活動における内容目標「集団〔小，中・高：集団や社会〕の一員としてよりよい生活や人間関係を築こうとする自主的，実践的な態度」（③）は，総合的な学習の時間における内容目標「よりよく問題を解決する資質や能力」（Ⅱ）を育成する基盤として貴重である。また，逆に，総合的な学習の時間における内容目標は，特別活動における内容目標の基盤を成すものである。

　なお，総合的な学習の時間で育成する「よりよく問題を解決する資質や能力」の意味について，『解説　総合的な学習の時間編』では，「自らの知識や技能等を総動員して，目の前の具体的な問題に粘り強く対処し解決しようとすること」〔小・中：15頁，高：12頁〕と説明している。特別活動の内容目標③にあって「築こうとする」と方向目標として記され，他方，総合的な学習の時間の内容目標Ⅱにあって「解決する」と到達目標として記されているが，両領域の目標の意味合いに異なりはない。この「目の前の具体的な問題に粘り強く対処し解決しようとすること」は，特別活動で育成する児童・生徒の姿と共通している。このように，特別活動と総合的な学習の時間との内容目標には共通性があり，それぞれにおける目標具現化への営みは相乗効果をもたらすものといえ，両領域の関係は深いのである。

　第三に，究極目標〔特：④⑤，総：Ⅴ〕では，両領域とも児童・生徒が「生き方」や「在り方生き方」を考え，現在および将来の生活をよりよいものに改善し続けようとすることをねらうところに，共通性を見出すことができる。この，

表10-2　特別活動と総合的な学習の時間との究極目標

特別活動の究極目標の趣旨	総合的な学習の時間の究極目標の趣旨
【小学校：『解説』12頁】　自己の生き方についての考えを深める＝自己のよさや可能性を集団の中で生かしてよりよい生活を築いていくことができるような能力を育成すること。	【小学校：『解説』17頁】　自己の生き方を考えることができる＝学習の成果から達成感や自信をもち，自分のよさや可能性に気付き，自分の人生や将来について考えていくこと。
【中学校：『解説』11頁】　人間としての生き方についての自覚を深める＝自己の判断力や価値観を養い，主体的に物事を選択決定し，責任ある行動をすることができること。	【中学校：『解説』17頁】　自己の生き方を考えることができる＝学習の成果から達成感や自信をもち，自分のよさや可能性に気付き，自分の人生や将来，職業について考えていくこと。
【高等学校：『解説』13頁】　人間としての在り方生き方についての自覚を深める＝自己の判断力や価値観を養い，主体的に物事を選択決定し，責任ある行動をすることができること。	【高等学校：『解説』13頁】　自己の在り方生き方を考えることができる＝学習の成果から達成感や自信をもち，自分のよさや可能性に気付き，自分の人生や将来，職業について考え向上しようとしていくこと。

両領域の究極目標にかかる校種ごとの趣旨を，それぞれの『学習指導要領解説』の記載から摘記すると，表10-2の通りである。学び方やものの考え方を身に付けること（内容目標Ⅲ）をめざす総合的な学習の時間では，「自分の人生や将来」〔小・中・高〕「職業」〔中・高〕を対象に，探究的な学習の過程を経て，物事を自分の「生き方」〔小・中〕「在り方生き方」〔高〕と結び付けて考えることができる児童・生徒を育成していく。かかる学び方やものの考え方は，よりよい生活や人間関係を築こうとする自主的，実践的な態度（内容目標③）の育成をめざす特別活動において，諸問題の解決に向けて思考・判断を深めたり，「生き方」についての考えや自覚・「在り方生き方」についての自覚を深めたりする際の基盤を成すものである。他方，特別活動で究極的に養うことをめざす「自己のよさや可能性を集団の中で生か」す能力〔小〕および「自己の判断力や価値観」〔中・高〕は，総合的な学習の時間の究極目標である「自分のよさや可能性」への気付き〔小・中・高〕および「自己の生き方〔小・中，高：自己の在り方生き方〕を考えること」の基盤として貴重である。《考えることができる：総》から《考え・自覚を深め判断力や価値観を養う：特》ことができ，そして，《深まった考え・自覚や養われた判断力・価値観：特》があるから《自分のよさや可能性に気付き，自分の人生や将来，職業について考えていくこと：総》ができるわけである。このように，特別活動と総合的な学習の時

間との究極目標の共通性は，相乗効果をもたらすものといえ，両領域の関係は深いのである。

（2）特別活動と総合的な学習の時間との内容の関係

　特別活動の内容は，学級（ホームルーム）活動，児童（生徒）会活動，クラブ（部）活動および学校行事の4〔小，中・高：3〕内容である。他方，総合的な学習の時間の内容は特別活動等のように，学習指導要領において明示されず，各学校において，目標を踏まえ，創意工夫を生かして定めることとされている。このような位置付けに異なりのある両領域の内容について，学習指導要領に規定された特別活動の4〔小，中・高：3〕内容と目標，および，『学習指導要領解説』に例示されている総合的な学習の時間の6内容〔延べ数。小：3内容：①②③，中：4内容：①②③④，高：3内容：①⑤⑥〕を，見出される3つの共通点ごとに表示〔＿＿，☐，▨〕を附記して示すと，次頁の表10-3の通りである。

　特別活動と総合的な学習の時間との内容の共通点の第一は，<u>福祉・健康</u>にかかる内容であり，小学校・中学校および高等学校において，学級（ホームルーム）活動，生徒会活動および学校行事での関係が予期されるものである。たとえば，<u>福祉</u>について，総合的な学習の時間において「高齢化社会や福祉問題という横断的・総合的な課題」についての探究的な学習を実施することと，生徒会活動におけるボランティア活動などの社会参加〔中〕・社会参画〔高〕，または，学校行事の勤労生産・奉仕的行事として「高齢者との交流活動」「福祉施設への訪問・ボランティア活動」を実施することとを関係付けることが可能である。

　また，<u>健康</u>について，学級（ホームルーム）活動の内容「日常の生活や学習への適応及び健康安全」〔小〕・「適応と成長及び健康安全」〔中・高〕にかかる共通事項「心身ともに健康で安全な生活態度の形成」〔小〕・「心身ともに健康で安全な生活態度や習慣の形成」〔中〕・「心身の健康と健全な生活態度や規律ある習慣の確立」〔高〕において，病気の予防〔小〕，喫煙・飲酒・薬物乱用などの害〔中〕，喫煙・飲酒・薬物乱用などの害や対処方法〔高〕について学ぶこ

表10-3　特別活動と総合的な学習の時間の内容

特　別　活　動　の　内　容			
【学級(ホームルーム)活動】 ☆目標　学級〔小・中，高：ホームルーム〕活動を通して，望ましい人間関係を形成し，集団の一員として学級〔小・中，高：ホームルーム〕や学校におけるよりよい生活づくりに参画し，諸問題を解決しようとする自主的，実践的な態度や健全な生活態度を育てる。	【児童(生徒)会活動】 ☆目標　児童〔小，中，高：生徒〕会活動を通して，望ましい人間関係を形成し，**集団〔小，中，高：集団や社会〕**の一員としてよりよい学校生活づくりに参画し，協力して諸問題を解決しようとする自主的，実践的な態度を育てる。	【クラブ活動〔小〕】 ☆目標　クラブ活動を通して，望ましい人間関係を形成し，個性の伸長を図り，集団の一員としてよりよいクラブづくりに参画しようとする自主的，実践的な態度を育てる。〔小〕	【学校行事】 ☆目標　学校行事を通して，望ましい人間関係を形成し，集団への所属感や連帯感を深め，公共の精神を養い，協力してよりよい学校生活〔小・中，高：や社会生活〕を築こうとする自主的，実践的な態度を育てる。
★内容〔共通事項〕 (1)学級〔小・中，高：ホームルーム〕や学校の生活づくり (2)日常の生活や学習への適応及び<u>健康安全</u>〔小〕 　適応と成長及び<u>健康安全</u>〔中・高〕 (3)学業と<u>進路</u>〔中・高〕	★内容 (1)児童〔小，中，高：生徒〕会の計画や運営 (2)異年齢集団による交流 (3)生徒の諸活動についての連絡調整〔中・高〕 (4)〔中・高，小(3)〕学校行事への協力 (5)**ボランティア活動**などの社会参加〔中，高：社会参画〕	★内容 (1)クラブの計画や運営 (2)クラブを楽しむ活動 (3)クラブの成果の発表 【部活動〔中・高〕】 　　　　　　　註1 ☆目標(基本的意義)スポーツや<u>文化</u>及び科学等に親しませ，学習意欲の向上や責任感，連帯感の涵養，互いに協力し合って友情を深めるといった好ましい人間関係の形成等に資する。	★内容 (1)儀式的行事 (2)<u>文化</u>的行事 (3)健康安全・体育的行事 (4)遠足〔小，中・高：旅行〕・集団宿泊的行事 (5)<u>勤労生産・奉仕的</u>行事
総　合　的　な　学　習　の　時　間　の　内　容　註2			
①国際理解，情報，環境，<u>福祉・健康</u>などの横断的・総合的な課題　②児童〔小，中：生徒〕の興味・関心に基づく課題　③地域の人々の暮らし，伝統と文化など〔小〕地域や学校の特色に応じた課題〔小・中〕　④職業や自己の将来にかかわる課題〔中〕　⑤生徒が興味・関心，進路等に応じて設定した課題〔高〕　⑥自己の在り方生き方や進路にかかわる課題〔高〕　など。			
【註1：『学習指導要領解説総則編』中：72頁，高：85頁より引用抜粋。　註2：『学習指導要領解説総合的な学習の時間編』小・中：20頁，高：15頁より引用抜粋。太字・下線・囲み及び〔　〕内の補註は引用者が附記。】			

ととと，総合的な学習の時間における「健康に関する横断的・総合的な課題」とを関係付けることが可能である。この，薬物乱用防止教育については，平成20年に文部科学省より「小学校，中学校及び高等学校等においては，児童生徒への薬物乱用防止教育の充実のため，『体育』，『保健体育』，『道徳』，『特別活動』における指導に加え，『総合的な学習の時間』の例示として示されている『健康』に関する横断的・総合的な課題についての学習活動等も活用しながら，学校の教育活動全体を通じて指導すること」〔下線は引用者が附記〕と通知されたことから，関係付けの緊密化が推進されてきているものである。加えて，学級（ホームルーム）活動にかかる年間標準授業時数35単位時間に対し，共通事項の数は小学校10・中学校17・高等学校18であり，各共通事項に充て得る授業時数は僅かである。特別活動と総合的な学習の時間との内容の共通点への着目は，共通事項の指導を重点化する際の一つの手立てとして有効である。

　第二は，文化にかかる内容であり，小学校・中学校および高等学校において，クラブ（部）活動および学校行事での関係が予期されるものである。たとえば，地域の特色を生かした「伝統芸能クラブ」活動で地域のお囃子や踊りなどを活用したり文化的行事で「地域の伝統文化等の鑑賞会」をしたりすることと，総合的な学習の時間において平成20年改訂で小・中学校に加わった「地域の人々の暮らし，伝統と文化など〔小〕地域や学校の特色に応じた課題〔小・中〕」についての探究的な学習を実施することとを関係付けることが可能である。この，伝統や文化については，実施上の留意点として「地域を理解し，郷土への愛着を深める観点から，地域の伝統や文化に触れる機会を積極的に設定するよう配慮する」〔『小学校学習指導要領解説　特別活動編』92頁〕ことが追加されている。総合的な学習の時間の小学校における取り組み例として，『解説』では，「祭りの歴史や由来などを調査したり，繰り返し地域の人々と関わりながら，祭りを支えてきた思いや願いなどを聞き取ったりしていく。また，その結果をまとめて報告したり，発表したり，実際に祭りに参加したりするなどの活動が考えられる」〔27頁〕と説明されているが，その学習の始めに文化的行事「地域の伝統文化等の鑑賞会」を位置付けて学習問題の把握に生かしたり，学習途上に位置付けて聞き取り調査に活用したり，学習後に位置付けて地域の

人々との関わりを深めたりといった関係付けが可能である。自然な，無理のない，両領域の学びの相乗効果が見込まれる。

　第三は，職業や自己の将来，進路にかかる内容であり，中学校および高等学校において，学級（ホームルーム）活動および学校行事での関係が予期されるものである。たとえば，学級（ホームルーム）活動の内容「学業と進路」〔中・高〕にかかる共通事項「望ましい勤労観・職業観の形成」〔中〕・「望ましい勤労観・職業観の確立」〔高〕について学んだり，学校行事の勤労生産・奉仕的行事として「職場体験などの職業や進路にかかわる啓発的な体験」〔中〕・「就業体験などの職業観や進路の選択決定などに資する体験」〔高〕を実施したりすることと，総合的な学習の時間における「職業や自己の将来にかかわる課題」〔中〕・「自己の在り方生き方や進路にかかわる課題」〔高〕についての探究的な学習を実施すること，とを関係付けることが可能である。なお，前述したように，学級（ホームルーム）活動の各共通事項に充て得る授業時数は僅かであるため，取り組みとしては，学校行事〔勤労生産・奉仕的行事〕などでの事業所や福祉施設等における職場体験〔中，高：就業体験〕や介護体験〔中，高：ボランティア体験〕の事前・事後の活動として，調査，話合い，感想文の作成，発表を行うといった活動が『解説』に例示されている〔中：42頁，高：31頁〕程度である。第一に挙げた福祉にかかる内容と同様に，職業や自己の将来，進路にかかる内容においても，学校行事〔勤労生産・奉仕的行事〕での社会体験〔ボランティア体験や介護体験，職場体験（中，高：就業体験）〕と総合的な学習の時間での探究的な学習との関係を踏まえた学習展開が，その中心を占めていくものと考えられる。

　その際，本節冒頭で記した「総合的な学習の時間における学習活動をもって相当する特別活動の学校行事に掲げる各行事の実施に替えることができる」との総則の趣旨を踏まえる必要がある。総合的な学習の時間において，探究的な学習の一環としてボランティア活動や職場体験活動〔中，高：就業体験活動〕を実施する際に，特別活動の目標や内容と同等の効果が得られるよう構想することができた場合，その活動とは別に，特別活動の勤労生産・奉仕的行事としてボランティア体験や職場体験〔中，高：就業体験〕を改めて実施するのは，無駄

第10章　特別活動と総合的な学習の時間との関係

のある教育課程になってしまう，との趣旨である。『解説　特別活動編』の説明を踏まえて代替の要件を記すと，次の５点であり，**学校行事の目標や内容**を踏まえた，実に厳格なものである。《安易に代替せず，両領域のいずれかに同内容同種の体験（総合的な学習の時間：「体験活動」）を重点化し，関係付ける》ことが，無駄のない，自然な無理のない両領域の関係になると考えることができる。

---

① **集団活動の形態**をとるボランティア活動や職場体験活動〔中，高：就業〕であること。
② その集団活動の単位が学級やグループ単位ではなく**学年単位や学校単位**であること。
③ **学校生活に秩序と変化を与える**ことを目指すものであること。
④ **学校集団や学校生活への所属感を深める**ことができるものであること。
⑤ **望ましい人間関係の形成や公共の精神を養う**ことができるものであること。

（中：23頁，高：17頁。太字・下線は引用者附記。）

2　実践事例のよさに学ぶ

　特別活動と総合的な学習の時間との関係を踏まえた，自然な無理のない学習展開とは，どのようなものか。本節では，旅行・集団宿泊的行事「修学旅行」と総合的な学習の時間における探究的な学習との関係を踏まえた新潟県十日町市立下条中学校の実践事例のよさについて，次の手順で述べていく。
　第一には，各領域の『解説』で例示されている両領域の関係付けにかかる記載を引用・抜粋し，実践事例を読み解く際の「よさ」の規準を提示する。第二には，同校の実践の概要を紹介する。先の記載の具体化と思われる取り組み，記載を超えると思われる同校ならではの取り組みなど，確かで豊かな工夫を読み解くことができる先進的な事例である。第三には，若干の問題提起をする。その問題は，読者諸氏による「粘り強く対処し解決しようとする」自己学習を促すものであり，本書の他章との併読を必要とする問題を提起し，本章のまとめとする。

（1）『学習指導要領解説』における関係付けにかかる記載

『解説　特別活動編』および『解説　総合的な学習の時間編』には，修学旅行と総合的な学習の時間との関係付けについて，それぞれ，次の記載がある。

> 　学校行事として実施する長期にわたって宿泊を伴う体験的な活動においては，目的地において，教科の内容にかかわる学習や**探究的な活動**が効果的に展開できると期待される場合，教科等や**総合的な学習の時間などの学習活動を含む計画を立てる**とともに，宿泊施設を活用した野外活動を盛り込むなどの工夫をする。その際，**それぞれの目標が十分に達成できるよう，事前・事後の活動などの綿密な指導計画を作成する必要がある。**
> 【遠足・集団宿泊的行事　実施上の留意点　『特』小：(キ)94頁　太字は引用者が附記。】

> 　指導計画の作成とその実施に当たっては，行事の目的やねらいを明確にした上で，その内容に応じて各教科，道徳〔中，高：各教科・科目〕，**総合的な学習の時間，学級**〔中，高：ホームルーム〕**活動などとの関連を工夫すること。**また，**事前の学習や，事後のまとめや発表などを工夫し，体験したことがより深まるような活動を工夫すること。**
> 【旅行・集団宿泊的行事　実施上の留意点　『特』中：(イ)81頁，高：(イ)61・62頁。太字および〔　〕内の補註は引用者が附記。】

> 　**総合的な学習の時間と特別活動との関連**を意識し，適切に体験活動を位置付けるためには，次のような点に十分配慮すべきである。例えば，**修学旅行と関連を図る場合**は，事前 ①・Ⅰ知りたいことや疑問に思うことなどを絞り込んで児童〔小，中・高：生徒，以下同様〕が課題を作ること，〔中・高：Ⅱ課題について事前に十分な調査を行うこと，〕現地での学習活動の計画を児童が立てること，その上で，現地では見学やインタビューの機会を設けるなど児童の自主的な学習活動を保障すること，事後は，②・Ⅲ解決できた部分をまとめ，③・Ⅳ解決できなかった部分を別の手段で追究する学習活動を行うこと，〔中・高：Ⅴ追究の結果を互いに交流し合い自分の考えを深めること〕など一連の学習活動が探究的な学習となっていることが必要である。こうしたことに十分配慮した上で，**総合的な学習の時間と特別活動とを関連させて実施する**ことが考えられる。
> 【『総』小：37・38頁，中：37・38頁，高：27頁。見出し記号・太字・下線・囲みおよび〔　〕内の補註は引用者が附記。】

特別活動において工夫が必要である「事前・事後の活動」について，小学校にあって3点（①〜③），中学校および高等学校にあって5点（Ⅰ〜Ⅴ）の内容が総合的な学習の時間の配慮事項として明記されている。《総合的な学習の時間における探究的な学習の一環として修学旅行を位置付け，修学旅行における事前・事後の活動の充実を図る工夫として総合的な学習の時間を位置付ける》ことが，「よさ」の規準として例示されているものと考えることができる。

（2）実践事例の概要

同校では，総合的な学習の時間と特別活動の関係付けについて，次のように記している。前項の両領域の『解説』の記載を踏まえ，読み解いてみよう。

> 　特別活動で実施する修学旅行を，「総合的な学習の時間」（以下：総合）で目指す探究活動の絶好の場ととらえ，ねらいを相乗的に高める学習活動の工夫を考えた。
> 　自校の総合では，1年時に『地域で働く人の生き方を学ぶ』ことを目標として探究活動を行う。2年時は，『地域で働く人』との関わりを踏まえ，他地域で働く人との比較や検討をし，思考の拡充をねらう。その際，修学旅行先の京都をこの他地域とした。
> 　特別活動では，旅行・集団宿泊的行事のねらいを「平素と異なる生活環境にあって，見聞を広め」としている。そこに総合の『働く人の生き方』を位置付ける。『京都で働く人＝伝統文化を守る人』であり，伝統文化を守り，後世に伝える人々の生き方を現地で見聞する。
> 　そして，自分の今後の生き方や自分なりの地域貢献の仕方を考え，3年時の総合の目標『地域で働く人の仕事を実際に体験し，その生き方・考え方を学ぶ』につなげていく。

　鳥瞰的に読み解くと，修学旅行の「事前」学習として中1での総合的な学習の時間，「事後」学習として中3での総合的な学習の時間を発展的に位置付けているという特徴が指摘できる。

　これは，本章冒頭で記した，「各学年相互間の関連を図」ることを求めた総則の趣旨を生かしたものでもある。中2で実践された，探究的な学習と修学旅行にかかる学習展開を，<u>生徒の意識の流れ</u>を附して示すと，次頁の表10-4の通りである。

表10-4　探究的な学習と修学旅行にかかる学習展開

◎　1年時の「総合」での学びの振り返り
　私たちの地域は多くの人が様々な分野で活躍し，その人たちに支えられて発展してきた。働く人は「人の役に立つこと」を誇りにしていたね。

↓

◎　ねらい『伝統文化を守る人の生き方を学ぶ』（2年時）
　修学旅行に行く京都でも，働く人に会うことができる。下条と共通することや違うことを学ぶことができるのではないかな。京都では，どんな分野でどんな人が活躍しているだろう。そして，仕事にどんな思いを抱いているのだろう。

【総合的な学習の時間】	【特別活動】
○オリエンテーション 　どんな伝統文化の人に会おうか。 　どんな体験をしようか。 ○学習テーマの方向付け・決定	●修学旅行の意義 スローガン決定，班編制， 係活動内容決定
○テーマ探究のための訪問先決定 ○テーマ探究学習 ○事前発表（授業参観） 　　　現地調査〔2時間〕 ○レポート作成	●班別自主計画作成 ●見学先事前学習 ●集団訓練 ●直前指導 　　修　学　旅　行 ●「まとめ」

京都の伝統文化を守る人たちは，伝統が途絶えるかもしれないという危機感を抱いていた。でも，誇りをもって仕事に携わっていたことが印象的だった。

↓　　　　　　　　　↓

| 仕事における誇りって一体何だろう。 | 京都の人が，大勢の人と接する時の苦労は……？ |

↓

3年時「総合」の『地域で働く人の仕事を実際に体験し，その生き方・考え方を学ぶ』の学習。

　自然な無理のない学習展開を成立させている鍵は，『解説　特別活動編』に記されている「事前の学習や，事後のまとめや発表などを工夫し，体験したことがより深まるような活動を工夫すること」が具体化されていることにある。1年間にわたる《下条で働く人》にかかる探究的な学習を振り返り，修学旅行先の京都においても同様に「地域の伝統や文化とその継承に力を注ぐ人々」を学習対象に設定していることで，旅行・集団宿泊的行事のねらいのひとつである「平素と異なる生活環境にあって，豊かな自然や文化に触れる体験を通して，学校における学習活動を充実・発展させる」〔『中学校学習指導要領解説　特別活

動編』80頁，下線は引用者が附記。〕の具現化が果たされているわけである。単なる物見遊山に終わることのない有意義な旅行・集団宿泊的行事を計画・実施する上で，総合的な学習の時間との関係付けの重視が有効なのである。

（3）問題提起

次の文章は，事後のまとめ〔総合的な学習の時間：レポート作成，特別活動：まとめ〕で記されたものである。修学旅行における体験は，どのように深まっていこうとしているのであろうか。詳細に読み解き，2つの問題提起に応えてみよう。

　京ことば講演を聴いて驚いたことは，共通語のベースになったのが京ことばだという点だ。また，京ことばが変化して他の地方の方言になっているものもあるという。「おてもと」とは箸のことだが，もともとは京都の御所の言葉だったそうだ。このことを実際にお聞きしたとき，僕は感動した。京ことばは自分が調べ考えていたよりも，もっとすごい素晴らしい言葉なんだということがわかった。講演をしてくださった方も，「京ことばを誇りに思っている。後世に伝えていきたい」とおっしゃっていた。最近は京ことばも減ってきて他の方言も減っているという。僕は祖父母と暮らしていて身近に方言と接しているが，もっと自分の地域の方言を詳しく知りたいと思った。

↑

□問題提起Ⅰ　本章では，総合的な学習の時間との関係という視座から本レポートを位置付けたが，詳細に読み解くと，実に多様な関係付けが背景として考えられるレポート内容であるといえる。たとえば，中学校「国語科」や「道徳」との関係という視座から読み解くとすれば，それぞれ如何なる目標・内容との関係付けが構想できるだろうか。それぞれの『解説』の記載を踏まえ，具体的に説明してみよう。

□問題提起Ⅱ　本レポートを作成した後の発表はどうするか？　レポート発表を「まとめ」（学級活動）に位置付けることの適否について考えてみよう。

参考文献

文部科学省（2008））『小学校学習指導要領解説　特別活動編』東洋館出版社。

文部科学省（2008）『小学校学習指導要領解説　総合的な学習の時間編』東洋館出版社。

文部科学省（2008）『小学校学習指導要領解説　総則編』東洋館出版社。

文部科学省（2008）『中学校学習指導要領解説　特別活動編』ぎょうせい。
文部科学省（2008）『中学校学習指導要領解説　総合的な学習の時間編』教育出版。
文部科学省（2008）『中学校学習指導要領解説　総則編』ぎょうせい.
文部科学省（2009）『高等学校学習指導要領解説　特別活動編』海文堂出版。
文部科学省（2009）『高等学校学習指導要領解説　総合的な学習の時間編』海文堂出版。
文部科学省（2009）『高等学校学習指導要領解説　総則編』東山書房。
文部科学省「薬物乱用防止教育の充実について（通知）」
　　http://www.mext.go.jp/a_menu/kenko/hoken/1297196.htm
新潟県十日町市立下条中学校「新教育課程編成に向けた取組例〈総合的な学習の時間２〉総合的な学習の時間の目標及び内容を踏まえた修学旅行の実践」
　　http://www.pref.niigata.lg.jp/HTML_Article/748/123/sougou.pdf

（富村　誠）

第11章

特別活動における人間関係とリーダーシップ

　特別活動は，教科の授業と異なり，児童・生徒集団が自らの願いや発想を生かして自主的・自発的に活動できる領域である。それゆえ，本来，それは楽しく充実した時間であるはずであるが，現実にはそうなってはいない。むしろ，これまでの特別活動の多くは，「させられる」活動になってしまっていた。学級会や児童集会・生徒総会での形式化した退屈な話合いを想起すれば，そのことは明らかであろう。そうした中で，充実した活動として思い出に残ることが多いのは，学校やクラスの行事が企画から運営に至るまで，ほぼすべて自分たちに任されていたような場合である。さまざまな困難や対立を乗り越え，創意工夫を重ね，自分たちの行事として実行し通せたときの喜びはきわめて大きい。特別活動におけるリーダーの役割も同様なことが言えるのではなかろうか。学校・教師の指示を一般の児童・生徒に伝え，教師の代理を務めることがその仕事の中心である限り，リーダーであることにさほど大きな魅力はない。仲間に働きかけ，新しい創造的な仕事にともにチャレンジすることを通じて，集団の発展に貢献することこそリーダーの真骨頂である。特別活動を通して，そうしたリーダーの在り方を丁寧に教え，リーダーを積極的に育成することが必要である。

　本章では，以下第１節でわが国のリーダー教育の問題点を指摘し，第２節ではわが国の学校教育の中で，リーダー教育がどのように取り扱われてきたのかを歴史的に概観し，第３節では米国における民主主義的なリーダー教育の要点を考察し，最後に第４節でわが国の特別活動におけるリーダー教育の今後のあり方を考える。

1 問題の所在

（1）リーダーの役割

　特別活動は，学校で行われる諸々の教育活動の中で，特に「望ましい集団活動」を通じて，児童・生徒に個人ならびに集団の一員としての資質や能力を発達させようとするものである。そうした集団活動が真に教育的意義をもちうるためには，集団全体が活動目標を共有していることが必須であるが，それと並んで，目標実現に向かって集団の舵を取るリーダーの存在もまた必要不可欠である。

　特別活動の諸領域を考えてみると，学級にはクラス委員や各班の班長，児童・生徒会活動では会長やその他の本部役員，クラブ（部）活動には部長などが置かれ，それぞれ何らかの指導的役割を果たしている。彼らは，勉学に秀でていたり，スポーツに才能があったり，広く人気があるなど，一般の児童・生徒から一目置かれる存在であることが多く，それなりに発言力ももっている。また彼らの多くは，選挙を通じて児童・生徒の代表として選出されている。とはいえ，こうしたリーダーの果たすべき積極的役割が何であるのかを改めて問うてみると，リーダーを務めている当の児童・生徒も，彼らを指導する教員も，にわかには答えにくいのが実状であろう。というのも，たとえば恒吉僚子が指摘しているように（恒吉，1992），わが国の特別活動およびそれとリンクして推進されている学級経営では，従来，教師の側で学級や学校の活動目標を明示するとともに，諸活動の規則や手順を教え込み，その都度教師の指導がなくとも，児童・生徒だけで活動を自動的に進めていけるところまでルーティン化することをめざしてきた。そのため，リーダーに求められるのは，決まった仕事を能率的に遂行することや，学校・教師の指示をメンバーに伝え，それが間違いなく実行されるよう気を配るなど，教師の代理的業務が中心だったからである。

　また，一般の児童・生徒の側でも，一旦リーダーを選出すれば，後は彼らが担任や顧問教師と相談して万事うまく進めてくれることを期待する。もちろん，求められれば意見も言うであろうし，協力することにやぶさかではないであろ

うが，それでも一般児童・生徒が集団の運営に自主的・積極的に関わることはきわめて少ない。こうして，学級会や児童集会・生徒総会などで，なんとか全体をまとめようと必死に努力しているリーダー（本部役員）と，がやがや私語をしながら義務的に参加しているに過ぎない大半の一般児童・生徒という見慣れた光景ができあがり，結局のところ，「リーダー役はつまらない」ということになりがちである。

（2）生まれつきの才能か，育てうるものか

　教師はしばしば，特定の児童・生徒にリーダーシップ，すなわちリーダー的資質があると考え，彼らに集団をまとめさせたいと考える。そこで，彼らが順当に学級や児童・生徒会の役員に選出されるよう，また，選ばれた後はその職務を滞りなく遂行できるよう，さまざまなバック・アップを与える。彼らは，当然のことながら，教師の自分への期待を察知して，それに沿う方向で児童・生徒集団をまとめようと努力する。そこで，教師の代理としてのリーダーができあがる。

　他方，リーダーシップとは状況的・機能的なもので，それぞれの場面や状況がリーダーを生み出す，とする考え方もある（片岡編，1998）。筆者としては，こちらの立場により多くの共感を覚える。しかし突き詰めると，この立場は，それぞれの状況が適切なリーダーを自ずと生み出すという楽観論になりかねない。もしそうであるとすれば，リーダーシップ教育は不要ということになるであろう。しかし，それもまた反対の方向での極端である。

　これに対し，筆者は，あらゆる児童・生徒の中にリーダーとして活躍する可能性が萌芽的・潜在的に宿っていると考える。しかし現状では，学校でリーダーとして活躍できるポジションや機会は限られており，たいていの児童・生徒は，自らのリーダーとしての適性に気付かず，試すこともないまま卒業してしまう。それゆえ，学校教育の中でリーダーの意味と役割を積極的に教え，児童・生徒各人に，たとえ小さな範囲であるにせよ，リーダーを体験させ，自分自身のリーダー的資質を伸ばす機会をもたせることが必要である。そうすることで，児童・生徒全員が集団の運営について深く考える機会を得，集団への参

加意識を高めるであろうし，単なる人気投票ではなく，真に自分たちに必要なリーダーを選出することも可能となるであろう。さらには，将来，その必要が生じれば，かつて学校時代にリーダーを務めた記憶や思い出に支えられ，自ら手を挙げ，敢然と立ち上がることもできるようになる。リーダーシップを積極的に育成し，訓練すべきだとする考え方は，20世紀前半の米国で始まり，今日に至るまで，米国の学校教育における伝統となっている。*

　　＊逆に日本では，学校におけるリーダーシップと言えば，まず校長の学校経営におけるリーダーシップを意味している。

2　日本の学校教育とリーダー

（1）戦前の「級長」的リーダー

　戦前のわが国では，旧制高等学校のように，高等教育レベルでは生徒・学生に一定の自治領域を認め，将来の社会の指導者としてリーダーシップを育む機会を与えていた。旧制中学校でも，上級の学校に倣って校友会などが組織され，顧問教師の指導のもとに，課外活動——運動競技をはじめ，教養活動，娯楽活動，さらには学校管理の一部など——の計画が委ねられ，生徒の中から選ばれた役員が自治的に運営していた。しかし，校友会の長は一般に校長であり，部長や班長も教師である場合が多かった。生徒役員も，校長が上級生の中から特定の者を指名していた。校友会の規則にしても，校長や教師の手で作成されたものを与えるに過ぎなかった。校友会の運営のための収入や支出についても生徒は発言することはできなかった。小学校では，明治の後半に，「自治訓練」の名目で「級長」や「週番」などの役員が置かれたが，その仕事は，たいていの場合，教師からの指示事項の伝達や，一般生徒の監督ないし取り締まりであった（宮坂，1968）。

（2）戦後の教育改革と新たなリーダー像

　戦後間もなく来日した米国教育使節団の報告書（1946年3月）は，日本再建のための教育方針を示し，教育を通じて日本社会の民主主義化を促進する必要

性を説いた。その中で，民主主義的な態度は民主主義的な行動の経験を通じて学ばれるべきであることが述べられ，集団討議や，指導者の選定や，指導者であることの実習や，異なった意見を受けいれる寛容な態度を身に付けさせる必要性などが言及された。つまり，民主主義の訓練の一環として，民主的リーダーシップの学習の必要性が説かれたのであった（『米国教育使節団報告書』第1次・第2次）。

　その後，文部省は，『新教育指針』（1946年5月）を出して，戦前の教育への反省と今後の新たな教育方針を表明した。その中では，ある程度の年齢に達した生徒に級長や組長を選挙させたり，当番を勤めさせたりして，協同生活の指導者・世話役としての修練を積ませることや，寄宿舎，図書室，農場，消費組合などを生徒に自治的に経営させることに言及している。さらに加えて，その際に生徒の団体やその活動を指導する者を，生徒の中から選ばせるようにして，校長や教員はあくまでも助言者の地位に立つことが，生徒の自治の修練に有効であると述べている。

　このように，戦後の教育改革の中で，民主主義的なリーダーの必要が説かれ，そうしたリーダーを育成しようとする動きが実際に始まった。もっとも，リーダーを選挙により選出すべきことや，そうしたリーダーが果たすべき具体的な役割のいくつかへの言及はなされたものの，リーダーやリーダーシップとはそもそも何であるのかということに関する本質的な説明は見当たらない。

（3）その後の学校教育におけるリーダー像

　わが国では，民主主義の理想そのものが，戦後，GHQ（連合国軍最高司令官総司令部）の指導で，いわば上から与えられる形でようやく普及し始めた。戦前の体制からの解放として大いに歓迎されながらも，国民の間に十分浸透しないうちに，1951年のサンフランシスコ講和条約による日本の独立回復にともない，「逆コース」と呼ばれる政治の保守回帰が始まった。学校教育の現場では，民主主義の実践面を児童・生徒に学ばせる目的で導入された教科外活動（その名称は，小学校を例にとれば，「自由研究」から始まり，「教科以外の活動」，「特別教育活動」と「学校行事」の並列を経て，「特別活動」へと至る）

において，当初は児童・生徒の自発的・自治的活動を重視していたのが，1958年版学習指導要領以後，民主主義を実践的に体得させるという目的が徐々に曖昧にされ，児童・生徒を主体とする活動領域の削減と学校・教師による「指導」の範囲の強化が推進された。その結果，リーダーの役割から積極的で創造的な部分が消失し，結局は管理的・代理的なものが残った。

　その後，わが国の教育現場には，ソビエト連邦からマカレンコ（A. N. Makarenko）の「集団主義」の考え方が導入され，「班つくり・核つくり・討議つくり」として定式化され，1960年代から1980年代にかけて生活指導・学級経営，教科外活動における理論的基盤として全国に普及していった。マカレンコの集団主義は，社会主義社会の発展を教育の側面で支え，推進していこうとするものであった。そのため，「班つくり・核つくり・討議つくり」の運動も，個人として集団に同調し，協力することを，児童・生徒に訓練しようとした。その際の拠点となるのが「班」であり，指導者の役割を果たすのが「核」である。これは，政治理論によって主導された教育理論であったが，その中で，リーダーと集団との関係が従来見られない密度で詳しく論じられた。この教育運動は，進歩的な教員によって現場で推し進められたものであり，「全国生活指導研究協議会（＝全生研）」がその理論的研究の中心となった。その後の教育を取り巻く状況の変化によって，1980年代後半以降は下火となったが，今日でも教育現場で一定の影響力をとどめている。

3　米国におけるリーダーの育成

（1）リーダー教育を積極的に推進する米国の教科外活動

　前述のように，戦後，児童・生徒に民主主義を実践的に学ばせる目的で，教科外活動が米国からわが国に導入された。教科外活動と民主主義の教育とを結び付けるこうした考え方は，19世紀末から20世紀初頭にかけて，米国で市民教育の必要性が高まる中で発展したものである。特に，1920年代から30年代にかけては教科外活動発展の黄金期であったが，リーダーシップの教育や訓練が積極的に行われるようになるのはもう少し遅く，40年代以降のことである。

教科外活動の理論的研究で知られるマッコーン（H. C. McKown）が共著で出版した『かくて君は選ばれた』（V. Bailard and H.C.McKown, 1966）は，民主的リーダーシップのあり方を教える手引書として最も初期に属する古典的作品であり，リーダーシップ教育の根幹がよく示されていると考えられる。そこで，以下，同書を概観しながら，民主的リーダーシップ育成の要点を考えることにする。（なお，以後，同書に言及する際は，「手引書」と略称することにする）。米国では，生徒にリーダーの役割を教えるこうした手引書の出版は，その後今日に至るまで伝統となっている。

（2）誰がリーダーになるべきか

この「手引書」に先立ち，マッコーンは別の書で，リーダー的資質を発見する難しさを指摘している（McKown, 1948）。学校は従来，潜在的リーダーを発掘する努力をせず，たまたま誰かがリーダーとして頭角を現すのを待って，はじめてその才能を活用してきた。しかし，そうした偶然に任せるやり方では，多くのリーダー的才能・資質が，本人も気付かぬまま，埋もれてしまいがちである。それは生徒集団にとっても学校にとっても大きな損失である。それゆえマッコーンは，後に「手引書」を著し，リーダーたる者の果たすべき役割と，その役割を果たすうえで必要な諸資質を明らかにし，民主的リーダー像を提示した。このような「手引書」によって，多くの生徒はリーダーに要求される資質や条件を具体的に知り，自らの内にもそうしたリーダー的資質が存在することを認め，リーダーを志してそうした諸資質を伸ばそうと努めたことであろう。リーダーは生まれつくというよりむしろ育てるものであるというマッコーンの考え方に，筆者は大いに共感するものである。

（3）リーダーの役割とは

マッコーンによれば，学校でリーダーに選ばれるということは，大人社会で重要な公職に選ばれるのと同様に喜びや誇りがともなうが，選ばれた者には舞い上がっている暇もなく，直ちに多くの仕事が待ち構えている。そうした煩雑で困難な仕事を，各メンバーと集団全体の福利のために引き受ける覚悟が，

リーダーにはまず何よりも求められる。さらにリーダーは，小さな集団のけちな独裁者になるのではなく，つねに集団とともに考え計画し，集団が決定したことは，たとえ本意でなくとも進んで従わなくてはならない。メンバーに集団の活動への積極的参加を促し，彼らの協力を取り付けながら，集団をより緊密に結び付け発展させていくことこそ，リーダーが真にめざすべきものである。

　それゆえ，リーダーにとって，集団のメンバーといかに接し，いかなる人間関係を築くかがきわめて重要である。マッコーンは3つの注意点を挙げている。第1に，リーダーは，メンバーに対し，要求するのではなく，あくまで依頼するという態度を取るべきである。その仕事を引き受けることが集団にどれほど貢献となるかを説明し，当該メンバーから協力の意思を引き出すのである。第2に，集団での仕事は，多くのメンバーが参加するため，さまざまな手違いも起こりうる。そのような事態が生じたときも，批判や非難をすれば，相手のこれまでの善意と努力を踏みにじることになる。そうではなく，真に効果的である方法は激励であることを，リーダーたる者は心得ているべきである。第3に，リーダーには学校管理者や児童・生徒会ないしクラブ顧問の教職員とよい関係を築くことが求められる。もともと彼ら大人は，生徒が諸々の活動の要(かなめ)を摑んで巧みにこなしているのを喜ぶものであり，そうした活動に援助を与えたいと思っている。彼ら教職員にしかるべき敬意を払いつつその援助をうまく引きすことが，リーダーとして成功する大きな鍵である。またマッコーンは，これと関連して，リーダーが謝意を適切に示すことの大切さを述べている。すなわち，メンバーの良き働きには感謝の言葉でねぎらい，協力してくれた教員や学校管理者には，適切なタイミングで短い感謝の手紙を贈ることが望ましい。そうした礼儀正しさが，関係教職員に大きな喜びと満足を与え，以後一層多くの協力を引き出せることになる。

　リーダーはまた，集団のさまざまなメンバーに，集団への貢献となる仕事を依頼することで，そのメンバーの誇りと士気を高めることができる。特に，内気で消極的なメンバーにささやかな仕事を依頼し，その働きぶりをメンバー全体の前で称賛することで，彼らの成長を大きく後押しすることができる。このように，リーダーには，集団全体を見渡しつつメンバーの潜在力を引き出し，

これを育てていくという教育者的視点と気遣いも求められる。

　さらに，マッコーンは，リーダーとして諸々の困難にどのように対処していくべきかにも言及している。まず何であれ，活動や行事は，早くから計画することが大切である。予定の日は，他の活動や行事に気を取られているうちにすぐ目前に迫ってきて，しばしば準備不足のまま突入することになりがちである。リーダーたる者は，十分前もって計画と準備を進めることで，そうした事態を避けるべきである。また，時として連絡ミスや勘違いから，計画が狂うこともある。そのような場合にも，焦ったり苛立ったりせず，むしろユーモアで状況を笑い飛ばし，その間に機知を働かせて窮地を乗り越えるすべも知っておくべきである。長引く退屈な会議で参加者の苛立ちが頂点に達したときも，リーダーの気の利いたジョークが全体の雰囲気を大きく和ませることになる。さらにリーダーは，つねに自分を抑えることが必要で，番狂わせの困難な突発的事態にも，腹立たしさや動揺や非難の言葉をことごとく飲み込む必要がある。リーダーは，冷静さが戻り，顔色が普段通りになるのを待ってから，メンバーの前に出るべきである。自分が批判されたときも，失望させられたときも，他のメンバーの失敗も自分自身の失敗も，時として敗北の事態でさえ，リーダーたる者は優雅に受け止め，受け入れることのできる度量を必要とする。他方，リーダーには，こうした冷静さとともに，熱い情熱も必要である。情熱には伝染し浸透する性質があり，プロジェクト推進に賭けるリーダーの熱い思いがどれほど容易に他のメンバーに伝わっていくかは，まさに驚異的である。

　ここに示されたリーダー像は，学校・教師の支援や権威を背景に，いわば「特別な生徒」として学級の秩序を守ったり，教師の指示を実行したりするリーダーとはまったく異なる，民主的リーダー像を示している。ただし，我々として忘れてならないのは，こうしたリーダーが真に必要となりかつ意味をもつのは，児童・生徒に大幅な自発的・自治的活動領域が認められ，リーダーを中心に，集団全体が新たな仕事やプロジェクトに取り組むときだということである。

　以上はリーダーに必要な基本的資質や態度であるが，マッコーンはこの他にも，リーダーにふさわしい身だしなみや態度，社交能力，会議の進め方など，

よりテクニカルな問題についても詳しく論じている。*

　　＊これらの問題も含めて，より詳しい内容を拙稿「特別活動と民主的リーダーシップの育成について」（四天王寺大学紀要，第46号，2008年9月）で取り上げた

（4）協力者の重要性

　マッコーンは「手引書」の中で，「協力者（follower）」（通例「追随者」ないし「服従者」と訳されるが，筆者は「協力者」という訳語が適切であると考えている）としての一般生徒の重要な役割についても，紙幅を割いて大きく取り上げている。そこでは，一般生徒数名が自らの果たすべき役割について意見を述べており，どのようなリーダーを待望し，どのようなリーダーになら協力したいと思っているかを明らかにしている。いわば，裏から見たリーダー論である。

　まず強調されているのは，一般生徒が協力者としての自らの重要性を自覚することと，誇りをもってリーダーを支え協力することとは表裏一体だということである。すなわち，協力者こそがリーダーを選び，リーダーをその地位に就けている。リーダーが示した良いアイディアには賛同し，仕事を分担して実現する。実際の仕事をしたのは自分たち協力者であるということから生じる充実感は大変大きく，プロジェクトで各自が自分の役割を果たしてそれを成功に導ければ大きな高揚感と満足感が得られる。それは，リーダーがプロジェクト全体の成功から得る高揚感や満足感に比べても，少しも遜色のないものである。そもそも一般生徒は，誰もが学校や仲間に貢献することを望んでおり，有能な協力者として，集団の中で明確な位置と任務をもちたいと思うものであり，リーダーと心を通わせていたいと願うものである。リーダーは，メンバーの一人ひとりに対し，まさにそうした願いを実現できる位置にいる。そうしたリーダーに対し，一般生徒が期待することは，ボス風を吹かさず，あくまで「われわれの一人」としてともに仕事に従事し努力することであり，仕事が成功した暁には，周囲からの評価と承認を等しく享受し喜び合うことである。そのようなリーダーになら，すべての仲間は支持と協力を決して惜しまないであろう。

　次に，良き協力者に必要な資質に話は進む。その第一は，学校や集団やリー

ダーへの誠実さ（loyalty）である。特に重要なのは，活動がうまく行かないときや自分の扱いに不満なときにも，誠実さを失わず，リーダーや集団を支持し続けられるかどうかということである。そのような場合，もしリーダーと考えが異なれば，よく話し合うことが必要であり，集団の考えと自分の考えに隔たりがあれば，適切な時と場所で自らの意見を表明し，集団にどうするのか意思を固めさせる必要がある。他方，一旦決定がなされれば，各人は意見の相違を越えて，その成功のために力を尽くすべきである。第二は，協働の意義についての認識である。すなわち，われわれの住むこの社会をよりよいところに変えていくのはこの自分たちであることを理解し，有能なリーダーと協力してプロジェクトを支え，与えられた任務を着実に果たすことが必要である。そうすることができれば，その集団の発展と成功は疑いない。第三は，自らの責任を進んで果たそうとする意思であり，第四は，自らが信頼に値することを示そうとする意欲である。リーダーに信用されて役割と責任を委ねられ，それに適切に応えるならば，次のプロジェクトではより大きな責任のある仕事が任され，より大きな喜びが得られることになる。単に参加する楽しみよりも，自分に期待されているところを立派に果たしえたことによる満足ははるかに大きい。これらを総括するものとして，第五に，緊密なチームワークのもとで活動することへの意欲が挙げられている。

　以上，マッコーンらの著作『かくて君は選ばれた！』の内容を概観した。同書は，学校における生徒集団のリーダーを務めるために必要な態度や考え方，心遣いやテクニックを教えると同時に，一般生徒がリーダーと協力して集団の運営を担って行くことの重要性を説き，そのために必要な態度や考え方も併せ示している。リーダーを含めた集団の全構成員が，自分のもっている力や興味・関心に応じ，集団の運営のさまざまな側面を担い，集団に対する責任を引き受けねばならない。結局，同書は，リーダーたることの手引き書であるとともに，全体として，民主主義社会がいかに運営されるものであるかを児童・生徒に経験を通じて学ばせる手引書ともなっている。いかなる社会も集団も未完成であり，今後も発展していくべきものとして取り扱われなければならない。個人もまた，つねに発達の途上にある。個人は，社会・集団の発展に関わり，

尽力しながら、その過程で、同時に個人としての発達を遂げていくことになる。民主主義的集団の発展にとって、良きリーダーが必要であることと並んで、一般協力者の積極的参加と成長もまた本質的に重要である。それゆえマッコーンが、リーダーの「手引き書」の中で、リーダーとは何かに続けて協力者とは何かを論じたのは、きわめて適切なことであった。リーダーは、こうした協力者の考え方や気持ちや願いを十分理解したうえで、メンバー全員に役割を分かち、誰もが自分をその集団の活動やプロジェクトの重要な担い手であると感じ、自ら分担している仕事に誇りと責任とをもって取り組めるようにすることが肝要である。また、その活動が成功した暁には、その栄誉はメンバー全員のものであり、そのチームに所属したことの喜びをみんなで分かち合うべきである。リーダーとは、支配者でも教師の「代理者」でもなく、まさに集団発展のための「舵取り役（gubernaculum）」（古代ローマの政治家・哲学者であるキケロの言葉）であるべきである。

4　特別活動発展のためのリーダーシップ

（1）わが国の特別活動において考えるべき点

　最初に述べたように、わが国の特別活動ではさまざまなリーダーが選挙で選ばれてはいるが、そもそもリーダーの役割が何であるかが十分理解されておらず、つまるところ人気投票と変わりはない。実際、選ばれたリーダーの果たしている仕事も、定例的業務か、学校・教師の依頼・指示によるものがほとんどで、リーダーとしてメンバーを引き入れ、ともに創造的にチャレンジするような仕事自体が欠けている。これは、先にも言及したように、昭和33年版学習指導要領以来、教科外活動領域において児童・生徒の自発的・自治的活動領域の範囲が徐々に狭められ、逆に学校・教師による指導を次々と拡張してきたことの必然的結果である。真のリーダーシップを育てるためには、まず何よりも、リーダーとして、さらには集団として、創造的にチャレンジできる活動の余地を、児童・生徒に保証することが必要である。

　さらに、われわれ教師は、リーダーとしての資質や能力が、児童・生徒たち

の中に、広く潜在的可能性として備わっていることを認識する必要がある。たとえば、特に目立つというほどではないが、つねに物事に誠実に取り組み、クラスや学校のために貢献したいと思っている児童・生徒は多い。しかし、彼らの多くは、自分がリーダーとして積極的に立ち上がるだけの自信はなく、スポーツや勉学などで著しく頭角を現している児童・生徒を前にすると気後れし、通常はなかなかリーダー候補として挙がってこない。しかし、こうした層を広く取り込み、リーダー候補として育てることこそ、真に必要なことであろう。そのためには、リーダーが果たすべき最小限の役割を明示し、それが自分にできそうであれば、積極的にリーダー役に名乗りをあげることを奨励し、そうした機会を多く設けることが必要である。マッコーンの「手引き」は、リーダーとして果たすべき役割のミニマム・エッセンシャルズを明確に示したことで、リーダーを希望する生徒の裾野を広げ、米国の学校におけるリーダーシップ教育の進展に大きな貢献を果たした書物である、と筆者は考えている。

（2）特別活動の中でリーダー教育を行うには

　平成20年に小・中学校の学習指導要領が、21年に高等学校の学習指導要領が改訂され、いずれの『学習指導要領解説　特別活動編』においても、「改善の基本方針」として、「特別活動の特質を踏まえ、特によりよい人間関係を築く力、社会に参画する態度や自治的能力の育成を重視する」ことが謳われた。このうち「自治的能力の育成」は、課外活動を歴史に見たときその中心を占めてきた目的であり、今回改めてそこに光が当てられたことは、特別活動の望ましい方向への一歩前進として評価することができる。また、「よりよい人間関係」については、単に同じ教室で一緒に過ごすだけで育つものではなく、何らかの共通の目的をめざし、協力し合ったり、時には反発したりすることを繰り返し経験する中で、考えの相違を乗り越えて協力することの重要性を見出し、自らのよさを発揮すると同時に、相手にも発揮させることを覚えながら、徐々に作り上げていくものであることを忘れてはならない。こうして自分たちが考え、議論し、決定したさまざまな活動やプロジェクトに取り組み、その過程でリーダー役を務めたり協力者としての役割を果たしたりしながら、学級や学校とい

う「小さな社会」の民主主義的運営を経験的に学んでいくことが個人及び集団の成長にとって重要である。

　昨今，児童集会・生徒会や学級活動の運営にさまざまな工夫がなされ，組織や名称も多様になり，縦割りの活動も広く取り入れられ，多くの子どもたちにリーダー役を経験させようという動きが徐々にみられるようになってきている。そのこと自体は大変望ましいことである。それがさらに真の実効性をともなって促進されるには，そこに子どもたちが自らの知恵や工夫を結集して取り組もうとする活動や仕事が存在することが大切である。大枠は学校や教師がすでに決めていて，児童・生徒には細部だけが任されるというのでは，到底真剣に取り組む気になれないであろう。学校・教員の側にも，無難なことを望んだり，外見を慮って最後の成果を気にしたりするのではなく，子どもたちの成長が取り組みの努力の中にあることを忘れず，子どもたちを信頼し，少しでも大きな仕事を子どもたちに任せる度量と勇気が求められているのである。

　ここで，筆者は，より具体的に２つの提案を行いたい。一つは，学級や学校のさまざまな仕事――それも，習慣的なものではなく，なるべくその都度，児童・生徒によって考え出された，新しいチャレンジングな仕事がよい――毎にリーダー役を募ることである。その仕事に対する自分の見通しや構想，計画をメンバーに説いて，メンバーの賛同を多く得た者にそのリーダー役を任せるのである。そうしてリーダー役になった児童・生徒には，メンバーの協力と創意工夫をうまく引き出しながら，目的を実現していく経験を積ませるのがよい。このようにすれば，その他のメンバーも全員が集団の活動や仕事とリーダーの関係を深く考えることになるであろうし，そのリーダーの働き振りに刺激され，自分もリーダーを務めてみたいと考えるようにもなるであろう。われわれはさしあたり，リーダーが出てくる裾野を広げなければならない。

　いま一つは，クラス委員などの常設のリーダーを選ぶ際，期限をかなり短めに区切って交代し，任期を終了するたびに，その期のリーダーのリーダーシップについてメンバーが話し合い，評価を試みることである。これは，無論，あら探しや批判のためではなく，その頑張りを一方で十分認めるとともに，他方で，さらに優れたリーダーとして求められることは何であるのかをメンバー全

員で模索し，共有するためである。あとからリーダーを務める者は，以前のリーダーから学び，少しでも乗り越えていくことが要求される。前にリーダーを務めた者にも，自らさらによきリーダーシップを実現したいと願うならば，後日再びリーダー候補として立つことが認められるべきである。

　こうして，集団が自ら必要とする仕事を実現しようと努力する中で，集団の考えをまとめ方向付けるリーダーの役割が理解され，さらに発展させられていくであろう。自治的・創造的な仕事の余地あるいは可能性と，創造的で民主的なリーダーシップとは，相互に求め合うものであると言えよう。

参考文献

恒吉僚子（1992）『人間形成の日米比較』中央公論社。

片岡徳雄編（1998，初版1975）『集団教育の批判　復刻版』黎明書房。

宮坂哲文（1968）『宮坂哲文著作集Ⅲ』明治図書。

寺崎昌男責任編集（2000）『米国教育使節団報告書：第1次・第2次／文部省［編］』（日本現代教育基本文献叢書　戦後教育改革構想Ⅰ期，1）日本図書センター。

V. Bailard and H. C. McKown (1966) *So You Were Elected!* (3rd Ed.), Mcgraw-Hill. （初版は1946年）

H. C. McKown (1948) *Extra-Curricular Activities* (Revised Ed.), Macmillan, (1st ed., 1937).

（北岡宏章）

第12章

特別活動の歴史

　2008（平成20）年に学習指導要領の改訂が行われた。本章では戦後の特別活動の変遷とその動向を，学習指導要領の制度と改訂の歴史を追うことで，その特質と役割を探る。

　第1節では，戦後のわが国の「特別活動」は，1947（昭和22）年『学習指導要領一般編（試案）』に定められた「自由研究」が原型であったことに触れる。第2節では，「特別教育活動」の明確化，「自由研究」への反省のうえに設定された「教科以外の活動」（小学校）と「特別教育活動」（中学校），次いで「教科以外の活動」が廃止され（小学校），小学校と中学校において「特別教育活動」と「学校行事等」が明示され，現在の特別活動のほぼ原型に近付いたことに触れる。

　第3・4節では，「特別活動」の成立と「特別活動」の充実に触れる。とりわけ，第3節では，「学校行事」が「特別活動」の構成要素として取り入れられ，そして人間形成のうえから調和と統一の発展を志向し，新たな「特別活動」という領域が設けられたことについて触れる。第4節では，高等学校でも「特別活動」の名称が用いられ，小学校と中学校，中学校と高等学校の一層の関連が図られるようになったことに触れ，次いで「学級活動」の新設と児童・生徒の実態に応じて一層弾力的な指導が行われるようになったこと，さらには小学校と中学校との関連をより密にした指導が行われるようになったことなどに触れる。最後に，「人間関係」という文言が全体目標と各内容毎に示されたことにより，人間的結び付きや連帯感を深める指導の充実が一層明確になったことに言及する。

1　特別教育活動の誕生──「自由研究」からの発足

（1）1947年『学習指導要領　一般編（試案）』における「自由研究」

　1947（昭和22）年，戦後初めての『学習指導要領　一般編（試案）』が文部省より出版された。その教科課程（現在の教育課程）の中に社会科および家庭科とともに「自由研究」の時間が設けられた。この自由研究は，小学校・中学校・高等学校において設けられ，今日の特別活動の原型と考えられている。小学校においては第4学年以上で（1年間の総時数は，各学年70時間より140時間取扱うとし，1週間に2時間より4時間行うとしている），そして中学校においては第1学年より第3学年まで（「選択科目」の一つとして位置付けられている。1年間の総時数は，各学年35時間より140時間取り扱うとし，1週間に1時間より4時間行うとしている），それぞれ行うとしている。このようにそれぞれ時間が配当されているが，しかし「自由研究」における活動の目標は明示されなかった。この自由研究は法令上は教科（「教育課程」として教科に位置付けられた）とされていたものの，その性格は教科とは異なる内容のものであった。

　以下にその活動内容を掲げる。

---
① 個々人の興味や関心や能力に応じた活動を教科の発展として行う自由な学習
② 同好の者が集まって教師の指導のもとに自由な学習を進める組織としてのクラブ活動
③ 学校や学級に対して負うている責任を果たすための当番や学級委員としての仕事

---

　①は，教科学習においてその学習内容に関わる興味や関心や疑問点等をもっと探究したいという場合，それを自由研究の時間を活用して学ばせる場合のことである。具現すれば，図画工作の発展として絵画を学びたいという児童・生徒に対しては，個性の赴くところに従って，それを伸長するために自由研究を活用するということである。学習指導要領では，個性の赴くところに従って，そしてそれを伸長するということを強調し，その方向としては絵画，理科の実

験、書道等の多様な活動が存在するとしている。

②は、学年の枠を離れ、同好の者が集まって、教師の指導のもとに学習を一緒に進める組織、つまりクラブ組織をとって活動のために活用する場合のことである。その例として、学習指導要領では、音楽クラブ、書道クラブ、手芸クラブ、スポーツ・クラブ等を掲げている。

③は、学習者である児童・生徒が学級や学校の共同生活の円滑な運営を図るために、当番の仕事をするとか、学級の委員の仕事をするとかいった活動のために活用する場合である。

（2）自由研究の内容

この自由研究の時間の内容は、教科の発展的な内容のものからクラブ活動的な内容のもの、さらには学級活動的な内容のもの等が混在している。活動内容の②と③は、まさに現在のクラブ活動および学級活動の原型であると言えよう。

先に中学校における「自由研究」は、選択科目として位置付けられるとした。その具体的内容を以下に簡約する。選択科目は、外国語、習字、職業、自由研究の四科となっている。これらの中よりいずれの教科を選択するかをめぐっては、生徒個人の希望を前提としているが、実際の問題を配慮して、学校側で設定してもよいとされているため、実質的には学校側が選択設定することになった（文部省、1947：13-14）。中学校においては、このような「自由研究」の趣旨が正しく理解されず、さまざまな問題が生じてきた。そこで、文部省は次の学習指導要領の改訂を行う前の1949（昭和24）年に、「特別教育活動」の通達を出した。中学校における「特別教育活動」の内容は、運動、趣味、娯楽、ホーム・ルーム活動、生徒会等の諸活動等であった。また、それらの活動は、教師の適切な指導のもとに生徒が個々にまたは共同的に行うように求められた。

2 「特別教育活動」の明確化

（1）1951年『学習指導要領　一般編（試案）』改訂に見る「教科以外の活動」

1951（昭和26）年に『学習指導要領　一般編（試案）』が改訂され、小学校

では「自由研究」が「教科以外の活動」に改められた。そして中学校・高等学校では，1949（昭和24）年の通達の際に用いられた「特別教育活動」がそのまま名称として定められた。

① 小学校の「教科以外の活動」
　まず，小学校の「教科以外の活動」の内容をみてみよう。「教科以外の活動」は，「民主的組織のもとに，学校全体の児童が学校の経営や活動に協力参加する活動」と「学級を単位としての活動」の両者で構成されている。
　前者の「民主的組織のもとに，学校全体の児童が学校の経営や活動に協力参加する活動」は，「児童会（従来自治会といわれたもの）」「児童の種々な委員会」「児童集会」「奉仕活動」等の四者の内容より成っている。
(1) 児童会（従来，自治会と言われたもの）
　児童会は，全校児童によって選挙された代表児童をもって組織されるものであって，代表児童はこの組織を通じて全児童に代って発言し，行動し，学校生活の良い建設に協力参加することを目的とするものである（文部省，1951：22）。従来，自治会と呼称されるものを児童会としたのは，自治会というときには学校長の権限から離れて独自の権限があるかのように捉えられる可能性があり，こうした誤解の恐れを払拭するためである。
(2) 児童の種々な委員会
　児童の種々な委員会は，児童会のもとに行う（学校長より任された権限の範囲内で行う）学校新聞の発行，学校放送の実施，学用品類の共同購買，校舎内外の清掃，整備，掲示物の展示とその管理，学校図書館の運営，運動場や運動器具の管理と遊びや運動の奨励，飼育・栽培・気象の観察，こども銀行の経営などの委員会活動がある。
(3) 児童集会
　児童集会とは，全校児童が一堂に会して行う発表会，運動会，音楽会，展覧会，学芸会などの集会のことである。最後に，「奉仕活動」とは，児童会の決定に基づいて，地域社会と密接連絡を取って行う交通関係，施設の清掃・整備，保健衛生，道徳振興，共同募金などの活動のことである。

一方，後者の「学級を単位としての活動」は，「学級会」「いろいろな委員会」「クラブ活動」等の三者の内容より成っている。

(1) 学級会

学級会は，学級に関するさまざまな問題を討議したり解決したりするために，学級の児童全体が積極的に参加する組織である。そして，そこでは民主社会の良い市民としての性格や態度が形成されることが期待されている。

(2) いろいろな委員会

学級内の仕事は，さまざまな委員会によって取り扱われる。具体的には出席をとること，机や椅子の整頓や清掃，図書の貸出しや整理，黒板や掲示板の管理や掲示，提出物を集める仕事，運動具の管理などの活動が存在する。

(3) クラブ活動

クラブ活動とは，学年の枠を超えて同好の児童がクラブを組織し，自己の個性や特徴を伸ばすことを目的とし行う音楽クラブ，演劇クラブ，科学クラブ，絵画クラブ，書道クラブ，手芸クラブ，スポーツ・クラブなどのことである。

以上は，小学校の「教科以外の活動」の内容である。しかし，その活動を取り扱う時間は明示されなかった。それをめぐっては，備考欄に，学校は教科以外に教育的に有効な活動を行う時間を設けることが望ましい（文部省，1951：18)，と教科以外の教育の必要性について触れているものの，教科以外の教育の時間数がどの程度想定されたかについては定かでない。

以上のことからもわかるように，1951（昭和26）年に改訂された『学習指導要領　一般編（試案)』においては，自由研究において強調されていた個々人の興味と関心や能力に応じた自由な研究は取り上げられていない。なぜなら，各教科の学習指導法の進歩によって，各教科の学習の時間内にその目的を果たすことができるようになったためである。ここには，現在の特別活動の基盤となるような方向性が示されている。

② 中学校の「特別教育活動」

次に，中学校の「特別教育活動」の内容をみてみよう。「特別教育活動」は，

「ホーム・ルーム」「生徒会」「クラブ活動」「生徒集会」等の四者の内容より成っている。

(1) ホーム・ルーム

　ホーム・ルームとは，学校生活を構成する一つの単位として生徒の有する諸問題を取り上げて，その解決に助力し，生徒の個人的，社会的な成長・発達を助成したり，職業選択の指導を行ったりすることをねらいとしている。ホーム・ルームにおける生活目標として，次の三者（文部省，1951：35）を掲げている。

・個人としての成長を望みながら，団体として啓発し合い，さらに，成長発達の指導を受ける機会をもつこと。
・人間尊重の理想を行為に生かし，責任や義務をじゅうぶんに果たし，また当然の権利はこれを主張する習慣と態度を養うこと。
・よい社会生活に必要なあらゆる基礎的な訓練の場をもつこと。
---

(2) 生 徒 会

　生徒会は，公民形成のために経験を与えることを目的として設けられている。生徒は，生徒会活動によって民主主義の原理を理解することができ，奉仕の精神や共同の精神を養い，さらに団体生活に必要な道徳を向上させることができる（文部省，1951：35-36）としている。この生徒会は，生徒自治会と呼称されることがあるにもかかわらず，それをあえて生徒会としたのは，先にも触れたように，生徒自治会という場合は，学校長の権限から離れて独自の権限があるかのように捉えられる可能性があり，こうした誤解の恐れを払拭するためである。この「生徒会」は，生徒代表から組織される生徒評議会やその中に設けられているいくつかの委員会より成り，さまざまな規則を作り，それを実行する仕事を受け持つのである。ここで，生徒会を種々の問題解決の実際的な場として位置付け，加えて民主主義の原理を理解する上で不可欠の場が経験であると捉えている点は刮目すべきである。

(3) クラブ活動

　クラブ活動は，全生徒が参加した自発的な活動であり，生徒の団体意識を高

め，やがてはそれが社会意識となり，良い公民としての資質を養うことになる（文部省，1951：36）。このクラブ活動は，教室における正規の教科の学習，そしてホーム・ルームの活動，生徒会の活動などと同様に，生徒の学校生活における重要な役割を果たす分野である。この「クラブ活動」を組織する際の注意事項を五者にわたって掲げている。

(4) 生徒集会

生徒集会とは，全校生徒が一堂に会し，発表，討議，演劇，音楽会などの機会をもつことによって，教育的効果が期待される活動である。これらの実施によって達成される目的を六者にわたって掲げている。

以上は，中学校の「特別教育活動」の内容であるが，この「特別教育活動」は，小学校の「教科以外の活動」と異なり，取り扱う時間が明示されている。すなわち，「中学校の教科と時間配当」を見てみると，特別教育活動の時間は1学年より3学年まで，それぞれ70時間〈最低〉より175時間〈最高〉取扱うように明示されている。中学校の「特別教育活動」においては，授業以外の場面で実施すべき多くの活動が位置付けられている。なぜなら，ここには教育の一般目標の完全な実現は，教科の学習だけでは不十分で，教科でない活動が必要不可欠であるという考えが存在しているからである。

以上，1951（昭和26）年に改訂された『学習指導要領　一般編（試案）』に掲げられている「教科以外の活動」と「特別教育活動」の諸様相を見てきた。ここには，現在の特別活動の基盤となる方向性が示されている。しかし，小学校と中学校における名称の不統一が内容の系統性という点から気になるところである。

（2）1958年「学習指導要領」改訂にみる「特別教育活動」と「学校行事等」

1958（昭和33）年に学習指導要領が改訂され，小学校の場合は，従来の「教科以外の活動」が廃止され，「特別教育活動」と「学校行事等」になり，中学校の場合は，従来の「特別教育活動」とそれに「学校行事等」が加えられた。小学校と中学校を通して「特別教育活動」という名称に統一され，名実ともに

ほぼ今日の原型が成立したと言える。従来の試案にはなかった「特別教育活動」「学校行事等」が独立して学習指導要領に一節として設けられ，そして「目標」「内容」等の項のもとに，それぞれの内容が明示された（高等学校は昭和35年に改訂）。

① 「特別教育活動」の内容

　小学校の場合，「A　児童会活動」「B　学級会活動」「C　クラブ活動」等の三者の内容より成り，中学校の場合，「A　生徒会活動」「B　クラブ活動」「C　学級活動」等の三者の内容より成っている。特に小学校の「B　学級会活動」については，毎週一定の時間を学級会にあてることが望ましいとされ，その取り扱う時間などが明示された。

　もちろん，中学校でも従来の「ホーム・ルーム」という言葉を廃して，新たな名称で成立した「C　学級活動」においても取り扱う時間が明示された。その「C　学級活動」では，学級としての諸問題の話し合いと処理，レクリェーション，心身の健康の保持，将来の進路選択の四者の内容が掲げられた。ここでは，学級生活および生徒個人の生活のありよう，そして将来の進路をめぐって学級の成員全体および個々人が自発的・自治的に取り組んでいくことが期待されている。

② 「特別教育活動」の目標」

　小学校も中学校も，それぞれ「目標」を掲げている。そこでは，いずれも，児童・生徒の自発的，自治的な実践活動を重視する新たな教育を展開していくことが強調されている。そして，「特別教育活動」が教育課程上の独自の領域であることも明示されている。

③ 「学校行事等」

　「学校行事等」も「特別教育活動」と同様に，教育課程上の独自の領域であることも明示されている。「学校行事等」は，「目標」に教育の目標を達成するために，学校が計画し実施する教育活動とし，児童・生徒の心身の健全な発達

を図り，合わせて学校生活の充実と発展に資する，とあり，その内容は，小学校の場合は，儀式，学芸的行事，保健体育的行事，遠足，学校給食となっており，そして中学校の場合は，儀式，学芸的行事，保健体育的行事，遠足，修学旅行，学校給食となっている。

　以上，1958（昭和33）年に改定された「学習指導要領」に掲げられている「特別教育活動」と「学校行事等」の諸様相を見てきた。これらと1951（昭和26）年に改訂された『学習指導要領　一般編　（試案）』における「教科外の活動」（小学校）並びに「特別教育活動」（中学校）とを対比して見るとき，特別活動に関する内容が飛躍的に充実し，従来の実績のうえに名実ともに現在の原型が成立したと言えよう。

3　特別活動の成立

　1967（昭和42）年10月，教育課程審議会は，調和と統一のある教育課程の実現を図るという方針のもとに，「特別教育活動」および「学校行事等」の内容を精選し，人間形成のうえから重要な教育活動を統合して，新たな「特別活動」を設けることを答申（文部省，1969：6）した。この答申の趣旨に沿って，新しい「学習指導要領」が改訂（小学校は1968（昭和43）年，中学校は1969（昭和44）年，高等学校は1970（昭和45）年）された。以下，「特別活動」の内容をみてみよう。

（1）1967年「学習指導要領」改訂における「特別活動」の内容

　小学校の場合は，「児童活動」「学校行事」「学級指導」の三者の内容より成り，中学校の場合は，「A　生徒活動」「B　学級指導」「C　学校行事」等の三者よりなっている。これらの中の「児童活動」（小学校）と「A　生徒活動」（中学校）は，従来（昭和33年改訂）の「A　児童会活動」（A　生徒会活動）「B　学級会活動」（C　学級活動）「C　クラブ活動」（B　クラブ活動）をまとめたものである。したがって，「学級指導」が従来の「学級会活動」（学級活動）とは異なる意味をもって新設されたことになる。「学級指導」という用語は，一般的

には各教科や道徳等の学級における指導を包含した意で使用される場合もありうるが，しかしここではその意ではない。ここでは，学級における好ましい人間関係を構築するとともに，心身の健康・安全の保持増進，健全な生活態度の育成（文部省，1969：103）を願っている。その内容としては，小学校の場合は，学校給食，保健指導，安全指導，学校図書館の利用指導などを掲げ，そして中学校の場合は，個人的適応に関すること，集団生活への適応に関すること，学業生活に関すること，進路の選択に関すること，健康・安全に関することなどを掲げている。ここでは，いずれも好ましい人間関係の醸成を重要視している点で共通している。

　この改訂では，「学校行事」が「特別活動」の構成要素に取り入れられている。従来の「学校行事等」の「等」という語が削除され「学校行事」という名称になっている。従来「学校行事等」に含まれていた学校給食を新たに設けた「学級指導」の領域に入れ，「学校行事」と呼ぶのにふさわしい内容に精選されている。

（2）1967年「学習指導要領」改訂における「特別活動」の目標

　次に，「特別活動」の「目標」をみてみよう。「特別活動」の「目標」は，小学校も中学校も，総括的なものから具体的なものへと段階的に示されている。たとえば，小学校の場合は，望ましい集団活動を通して心身の調和的な発達，個性の伸長および協力して良い生活を築こうとする実践的態度の育成を図ることを特別活動の全体の目標として強調し，そして「児童活動」「学校行事」「学級指導」等の領域毎にそれぞれの目標が示されている。しかも，各領域の目標も前段に総括的な目標が示され，そして後段に具体的な目標がそれぞれ示されている。中学校の場合は，各領域の目標は示されてはいないものの，「特別活動」の全体の目標は総括目標と具体目標に分けて示されている。ここで着目すべきことは，「特別活動」の全体の目標の前段に「望ましい集団を通して」という特別活動の特質および方法原理が述べられているということである。このことは現在の「特別活動」の全体の目標においても踏襲されている。

　以上，1968（昭和43）年に改定された「学習指導要領」に掲げられている

「特別活動」の諸様相を見てきた。ここでは，人間形成のうえから調和と統一の発展を志向し，統合して新たな「特別活動」という領域を設け，その指導を重視する方向にある。

4 「特別活動」の充実

　1977（昭和52）年に学習指導要領が改訂され（高等学校は1978（昭和53）年），高等学校でも「特別活動」の名称が用いられ，小学校と中学校，中学校と高等学校の一層の関連が図られた。なかんずく，小学校と中学校とは関連を密にし，一層の充実を図る立場から，小学校と中学校の目標は「望ましい集団活動を通して，心身の調和のとれた発達を図り，個性を伸長するとともに，集団の一員としての自覚を深め，協力してよりよい生活を築こうとする自主的，実践的な態度を育てる」（文部省，1978：129）として，同一のものとされた。そして，ここでは「特別活動」の目標の中に，「集団の一員としての自覚を深めと」と「自主的」という文言が新たに加えられた。全体の目標の前段の「望ましい集団を通して」という文言の特別活動の特質および方法原理は，従来の全体目標を踏襲している。また，勤労に関する体験的な学習の必要に鑑み，各学校の実情に応じて，勤労・生産的行事等が学校行事の中に新たに加えられている。「特別活動」の基本的な性格は従来通りであった。

（1）1977年「学習指導要領」改訂における「特別活動」の内容

　まず，「特別活動」の内容をみてみよう。小学校の場合は，「A 児童活動」「B 学校行事」「C 学級指導」等の三者より成り，従来と同様である。そして，中学校の場合は，「A 生徒活動」「B 学校行事」「C 学級指導」等の三者より成り，「B 学校行事」「C 学級指導」の順序が従来と異なるものの，内容は従来と同様である。小学校の場合，従来は「A 児童活動」「B 学校行事」「C 学級指導」等のそれぞれに目標が示されていたが，しかし今回はそれぞれ割愛された。『小学校指導書　特別活動編』においては，「A 児童活動」「B 学校行事」「C 学級指導」等のそれぞれの領域において，前段に総括目標が示され，

そして後段に具体的目標が示されている。それぞれの領域の具体的内容であるが，小学校の場合は，「B　学校行事」をめぐって，行事の名称が改められた。たとえば，儀式が儀式的行事に，保健体育的行事が体育的行事に，遠足的行事が遠足・旅行的行事に，安全指導的行事が保健・安全的行事に，それぞれ改められた。そして，学芸的行事は従来通りで，勤労・生産的行事が新たに加えられた。また，小学校の「C　学級指導」では，内容が「学級生活や学校生活への適応に関する指導」「保健・安全に関する指導」「学校給食の指導，学校図書館の利用指導」等の三者にまとめて示された。一方，中学校の場合，「B　学校行事」においては修学旅行的行事が旅行的行事に改められ，そして「C　学級指導」においては，「集団への適応に関すること」が割愛された。

　以上，1977（昭和52）年に改訂された「学習指導要領」に掲げられている「特別活動」の諸様相をみてきた。分ったことは，各教科等の授業時数の削減によって生じた時間の活用等を通して特別活動を一層充実させ，そして前述したように，各学校の実状に応じた勤労・生産的行事等を学校行事として位置付け，小学校と中学校との関連を密にするなどの改善がなされたことである。

（2）1989年「学習指導要領」改訂にみる「特別活動」の内容の改善

　1989（平成元）年の学習指導要領の改訂によって「生活科」が創設され，児童・生徒の実態に応じて弾力的に展開する方向での「特別活動」の内容が改善された。以下，「特別活動」の内容の改善点をみてみよう。

① 小　学　校

　小学校の場合は，「学級活動」の新設，「学校行事」の改善，国旗・国歌の指導の充実等と三者にわたって，中学校の場合は，「学級活動」の新設，「クラブ活動」の改善，「学校行事」の改善，国旗・国歌の指導の充実等の四者にわたって，それぞれ変更が認められる。

　小学校の場合を具体的にみてみよう。「学級活動」は，改訂前の「学級会活動」（A領域の中の一つ）と「学級指導」（C領域）とを統合して設けられた領域である。その内容は「学級や学校の生活の充実と向上に関すること」及び

「日常の生活や学習への適応及び健康や安全に関すること」等の両者によって構成されている。次いで，「学校行事」においては，集団生活への適応，自然との触れ合い，奉仕や勤労の精神涵養に関わる体験的な活動（文部省，1989：2）が一層重視されている。その結果，改訂前の体育的行事と保健・安全的行事とを統合して新たに健康安全・体育的行事が設けられている。最後に，「国旗・国歌の指導」においては，改訂前の「国旗を掲揚し，国歌を斉唱させることが望ましい」としていたことを「国旗を掲揚し国歌を斉唱すること」とし，一層明確にしている。

② 中 学 校

　中学校の場合を具体的にみてみよう。まず，「学級活動」は，改訂前の「学級会活動」（A領域の中の一つ）と「学級指導」とを統合して設けられた領域である。その内容は「学級や学校の生活の充実と向上に関すること」「個人及び社会の一員としての在り方，学業生活の充実及び健康や安全に関すること」「将来の生き方と進路の適切な選択に関すること」等の三者によって構成されている。次に，「クラブ活動」では，新たに奉仕的な活動が加えられ，クラブ活動の実施の形態や方法は学校の実態に応じて弾力的に実施することが可能になった。例えば，部活動の参加をもってクラブ活動の履修に替えることができることが示された。その次に，「学校行事」においては，集団生活への適応，自然との触れ合い，奉仕や勤労の精神の涵養などが一層重視されている。その結果，改訂前の旅行的行事が旅行・集団宿泊的行事に，勤労・生産的行事が勤労生産・奉仕的行事にそれぞれ改められている。そして最後に，国旗及び国歌の指導をめぐっては，「国旗を掲揚し，国歌を斉唱させることが望ましい」としていたのを「国旗を掲揚し国歌を斉唱すること」とし，一層明示している。

　以上のことから，小学校と中学校の「特別活動」の内容構成は，小学校では従来と異なり「A　学級活動」「B　児童会活動」「C　クラブ活動」「D　学校行事」等の四者より成り，一方，中学校でも従来とは異なり，「A　学級指導」「B　生徒会活動」「C　クラブ活動」「D　学校行事」等の四者より成っている。ちなみに，高等学校では，中学校の「A学級指導」が「A　ホームルーム活動」

となっており，他は同様である。次に，「目標」をみてみよう。小学校と中学校の「特別活動」の「目標」を対比して気付くことは，いずれも「望ましい集団活動を通して」「心身の調和のとれた発達」「個性の伸長」「集団の一員として」「自主的，実践的な態度を」などの共通した内容が掲げられていることである。これは，言うまでもなく，小学校と中学校との関連を密にする立場からのものである。

　以上，1989（平成元）年に改定された「学習指導要領」に掲げられている「特別活動」の諸様相を見てきた。前述したように，「学級活動」の新設，「クラブ活動」や「学校行事」の改善，小学校と中学校との関連を密にする改善等によって，「特別活動」は実態に応じて一層弾力的に指導が行われるようになったのである。

　1998（平成10）年７月の教育課程審議会の答申においては，「特別活動」の基本方針において，好ましい人間関係の醸成，基本的なモラルや社会生活上のルールの習得，協力してより良い生活を築こうとする自主的・実践的な態度の育成，ガイダンスの機能の充実などを重視（文部省，1999：2）するとした。この答申の趣旨に沿って，新しい「学習指導要領」が改訂（小学校と中学校は1998（平成10）年，高等学校は1999（平成11）年）された。

（3）1999年「学習指導要領」改訂における「特別活動」の内容

　ここからは「特別活動」の内容をみることにしよう。小学校の場合は，「Ａ　学級活動」と「Ｄ　学校行事」の改善，中学校の場合は，「目標」「Ａ　学級活動」「Ｂ　生徒会活動」「Ｃ　学校行事」等の四者にわたる改善が見られる。そして，「クラブ活動」が廃止されている。

　小学校の場合を具体的にみてみよう。「Ａ　学級活動」においては，前書きと活動内容（１）との表記上の整合性を図っている。そして，児童の自発的活動の充実を目指し，児童の計画的委員会や係の組織に自主的に取り組む活動を重視するようにするため，活動内容の（１）の例示に，新たに「学級内の組織づくり」が加えられている。活動内容の（２）については，教科等や日常の生活指導との関連を図るなどとし，指導内容の一層の重点化を図るようにすること

が強調され，そして従来の文言を「希望や目標をもって生きる態度の形成」に改め，学校給食の部分に「望ましい食習慣の形成」が新たに加えられた。

次に，「D 学校行事」においては，「勤労生産・奉仕的行事」の内容に「ボランティア活動など」の具体的な例示が新たに加えられている。

次に，中学校の場合を具体的にみてみよう。まず，「目標」においては，社会の一員としての自覚を深め，社会生活のルールの尊重や責任感を高めていくことを重視し，「集団の一員」という文言が「集団や社会の一員」に改められている。

次に，「A 学級活動」においては，前書きの部分に「生活への適応」という文言が新たに加えられた。また，従来の活動内容の（2）にあった「学業生活の充実」が（3）の活動内容に統合されている。活動内容（1），活動内容（2），活動内容（3）などには文言が新たに加えられている。次に，「B 生徒会活動」に「ボランティア活動」とい文言が加えられている。最後に，「C 学校行事」においても「ボランティア活動など社会奉仕の精神を養う体験が得られる」という文言が加えられている。

以上のことから，小学校と中学校の「特別活動」の内容構成は，小学校では従来と同様に，「A 学級活動」「B 児童会活動」「C クラブ活動」「D 学校行事」等の四者より成り，一方，中学校では従来と異なり，「A 学級指導」「B 生徒会活動」「C 学校行事」等の三者より成っている。

以上，1998（平成10）年に改訂された「学習指導要領」に掲げられている「特別活動」の諸様相を見てきた。前述のように「学級活動」「学校行事」の改善によって（小学校），さらには，「学級活動」「生徒会活動」「学校行事」等の三者の改善によって学級や学校生活のより一層の充実が図られている。

（4）2008年「学習指導要領」改訂に見る「特別活動」の全体目標

2008（平成20）年に学習指導要領が改訂され，「特別活動」の全体目標が改善された（小学校，中学校，高等学校）。「望ましい人間関係」を方法原理として児童・生徒の自主的，実践的な態度を育てる教育活動であるという基本的な立場は変わらないが，「人間関係」という文言が挿入され，人間的な結び付きや

連帯感を深める指導の充実が一層明確になっている。また，全体目標を受けて，各内容ごとに新たな目標が示された。これは，これまで指摘されてきた，活動を通して何を育てるかが明確ではなかったという課題を踏まえてのことである。また，小学校の場合は，発達の段階や課題に即した指導の充実を図るため，「学級活動」においては，低・中・高学年毎に適切な活動が行われるよう，それぞれの段階毎に活動内容（「望ましい人間関係」と「よりよい生活づくり」等の二者について具体的に）が掲げられ，指導の方途が明らかになった。さらに，言語活動の充実をめぐっては，各活動（とりわけ「学校行事」）において，話す，聞く，書く等の言語活動を導入し，その内容を定着せしめようとしていることが明らかになった。各内容の構成は，小学校，中学校，高等学校のいずれも従来通りである。その中の「学校行事」については，いずれも学芸的行事が文化的行事に名称が変更された。

参考文献

文部省（1947）『学習指導要領　一般編（試案）』日本書籍。
文部省（1951）『学習指導要領　一般編（試案）』明治図書。
文部省（1969）『小学校指導書　特別活動編』東洋館出版。
文部省（1978）『小学校指導書　特別活動編』東洋館出版。
文部省（1989）『小学校指導書　特別活動編』東山書房。
文部科学省（1999）『小学校学習指導要領　特別活動編』東洋館出版。

　　　　　　　　　　　　　　　　　　　　　　　　　　　　（生野金三）

終　章

3分間スピーチ

　特別活動は，すべての教師によるイニシアティブとすべての子どもたちによるパーティシペーションによって行われている。教師や子どもたちは，特別活動について十分理解しているからといって，直ちに特別活動とうまく関わることやそれに参加することができるとは限らない。なぜなら，言葉では十分理解できていても，それを実践化し行動化していく過程において，多少の距離が存在するからである。また，言葉では十分理解できていても，その本質やその面白さが実感できていない限り，自己満足感や自己充実感を覚えることが難しくなるからである。

　ここでは，言いたいことが自由に言える能力や言ったことをまとめる能力，そして，相手に十分に伝える能力や相手に感動を与える能力を付ける，さらには，満足感，充実感，達成感を味わう機会を増やす，3分間スピーチについて紹介しておこう。つまり，3分間スピーチとは，体験談や経験談をそれを行った本人から直接聞くことのできる機会として，言葉の使い方を実践的に学ぶことのできる貴重な機会として，さらには，理論と実践との距離を縮めることのできる重要な機会として，位置付けることができるのである。

　なお，この3分間スピーチの最初の提案者は，元広島経済大学教授の倉田侃司氏であることを記しておかなければならない。

1　スピーチの心がけと内容

　スピーチで重要なことは，はじめとおわりがあること，すなわち，起承転結，導入・展開・終結の原則に従っていること，中心となる事柄が2～3盛り込まれていること，すなわち，盛りあがる部分をもっていることなどである。もちろん，最初に，たとえば，「私の名前は○○○○です」と自己紹介し，私がスピーチしたいことは，「私の現在行っている部活動について」であることを言って，スピーチすることを忘れてはならない。

　スピーチをするとき，とりわけ注意することは，礼儀正しいこと，大きな声で話すこと，聴衆の方を見て話すこと，聴衆に感動を与えること，そして，自己満足を味わうこと，等々である。

　スピーチのジャンルとして，次のことがあげられる。過去のこと，現在のこと，未来のこと，部活動のこと，旅行のこと，書籍の内容紹介，書籍朗読等々。

（1）過去の体験や経験

　学生は過去，小学校，中学校，高等学校において，さまざまな体験や経験を積んできている。クラブ活動，部活動，修学旅行，遠足，運動会，文化祭等々。それらの内容をまとめ，スピーチしていくとき，重要なことは，言いたいことを2～3に絞って，それらを中心に少し膨らませ，しっかりまとめること，起承転結，導入・展開・終結を考慮すること，できれば，ユーモアなどを差し挟むことなどである。たとえば，修学旅行についてスピーチするとき，5W1H（when, where, who, what, why, how）を明らかにしなければならないであろう。そして，特に印象に残っている歴史的事実には自分の感想などを付け加えるとよいであろう。過去の体験や経験を話す場合，そのときの思い出や気持ちが先に出てしまい，笑いながらしゃべるケースが少なくないので，注意して欲しい。また，楽しい体験や経験が中心であるため，3分間以内に収まらない場合が多いので，注意しなければならない。

（2）現在の体験や経験

　まず、「現在」をこの半年間位の間と捉えておこう。

　先週の土曜日、森林公園に行ったことについて述べる。友人と2人で行ったとき、さまざまな草花と出会うことができたこと、その草花が見事に開花し、あまりにもきれいであったので、それらを写真を撮ったこと、そして、そのときの気持ちを素直にノートなどに表現していったことなどについて述べるとよい。また、今週の日曜日、プロ野球を観戦するために甲子園球場へ行ったことについて述べる。具体的には、応援している球団、その球団に所属している選手名、とりわけファンである選手名、さらには、なぜその球団が好きなのか、なぜその選手のファンなのか、それはいつ頃からなのか、などについてまとめていくとよい。

　もし、応援している球団の遠征先まで同行し、熱烈な応援合戦を繰り広げたことがあれば、その過程での出来事や球場の違い、楽しい思いや悲しい思いや悔しい思いなどについてまとめていくとよい。

（3）これからの体験や経験

　これからの体験や経験では、これからの人生をどのように考えているのかについて述べていく。男女の平均寿命を参考しながら、20代～80代までの長いスパンをどのように設計しているのかなどについて述べればよい。

　具体的には、これから得意としている分野を生かすために、どのような分野で活躍したいのか、どのような資格取得を考えているのか、別の面から捉えれば、理論的な分野での活躍を考えているのか、それとも、実践的な分野での活躍を考えているのかなどについてまとめればよい。

　さらに具体的には、これから自分を生かしていく分野として、政治分野、経済分野、社会分野、教育分野、心理分野、医学分野、薬学分野、福祉分野、スポーツ分野、情報分野、技術分野、漁業分野、観光分野、農業分野、交流関係分野等々が考えられるので、ある分野に絞り、その分野での理想や夢についてまとめればよい。

（4）書籍の紹介

　書籍を紹介するとき，次の項目が重要になってくる。その書籍はいつ頃読んだのか，その書籍の分類はどのようになるのか，その書籍の著者は誰なのか，さらには，著者の簡単な略歴はどのようなのかなどについて。

　たとえば，過去，中学校3年生のとき，理科教育の延長で，キューリー婦人の伝記を読んだこと，また，図画工作の内容に関連して，ゴッホの伝記を読んだこと，大学生のとき，心理学に関連した書籍，エリクソンの書いた『幼児期と社会』を読み，自我中心の発達段階論に興味をもったこと，最近，大学生のとき，ベストセラーになった本，『国家の品格』を読破し，人間には理論と情緒が必要であることがわかったこと，その書籍を書いた藤原正彦氏は海外の大学で教鞭を執り，日本のこれからを憂えていること，そして，つい最近，本屋に入り，立ち読みしていたら，あまりにも興味をもつことができたので，ついつい買わざるをえなかったウェイン・W・ダイアーの『どう生きるか，自分の人生！』（渡部昇一訳・解説）等々である。その本の中でとりわけ気に入った言葉は，「人は誰でもなりたいものになる力を与えられている」「あなたは本来強い人間だということに気づいているか」「過去のせい，誰かのせいを捨てたときから人生は好転する」などである。

（5）朗　　読

　朗読する方法には二通りある。他人の書いた作品を朗読する場合と，自分の書いた作品を朗読する場合とである。

　前者では，他人の書いたエッセイがよく朗読される。登場人物になりきり，情景を想像しながら，抑揚を付けて，わかりやすく朗読していくことがコツである。

　本人の作品を朗読する場合，工夫が要る。なぜなら，自分の名前を紹介したとき，それを聞いた者はみんな，彼もしくは彼女のイメージをすでに頭の中に思い浮かべてしまい，先入観のもとで話が展開してしまう可能性があるからである。そこで，ペンネームを使うことをお勧めしたい。他人の作品のように朗読することをお勧めしたい。気楽に朗読することをお勧めしたい。つまり，自

分の作品を朗読する者は，自分の作品内容の独特の世界に埋没することのない
ある程度のクールさが要求されるのである。

　次に紹介する第2節，第3節，第4節では，実際に3分間スピーチを行った
結果について紹介してみよう。

　学生たちの3分間スピーチの内訳は，上記の過去や現在や未来の経験や体験，
書籍の紹介，そして，朗読であった。

2　3分間スピーチを聞いて良かったところ

　学生たちは，他の学生の3分間スピーチを聞いて，良かった点として，次の
ことを指摘している。

```
 1  体験や経験をもとに，自分の意志や意見を堂々と発表していた。
 2  聞き手全体を見ながら前を見てゆっくりわかりやすく落ち着いて話をしていた。
 3  問いかける話し方，先に期待や興味をもたせるような話し方，説得力のある話し
    方は良かった。
 4  声の大きさ，声の強弱は適当で良かった。
 5  笑顔やユーモアやジェスチャーを交えての話し方はわかりやすかった。
 6  思っていることや感じたことを3分間でよくまとめている。
 7  話の流れが論理的であり系統的であったため，理解しやすかった。
 8  話し始めるとき，「〜について話します」という前置きがあったため，興味や関
    心をもつことができた。
 9  内容上，深さや広さが感じられ，さらには，盛り上がりが感じられ，よい印象を
    もつことができた。
10  語りかける口調がよかった。語尾をはっきりと話しているので，わかりやすかっ
    た。
11  自信をもって話していることは，聞いている者に伝わるものである。
12  いま頑張っていることがあるということは，これからの人生にプラスになる。
13  内容上，真剣にしかもまじめに取り組んでいる姿，まじめに生きている姿を想像
    することができ，良かった。
14  徐々にではあるにしても，自分を乗り越えていく姿勢には，感銘を覚えた。
15  他人の目標と自分の目標とを比較することができ，多いに参考になった。
16  力強い言葉，「個性が強いほど全体をまとめていくことは難しいが，全体がまと
```

まったときは相当な満足を覚えたものである」には感銘を覚えた。
17 自分自身を理解する機会，自分を捉え直す機会，自分のことを見つめ直す機会となった。
18 言葉の表現が豊かであった。
19 顔の表情が良かった。表情豊かに話すことの重要さが理解できた。
20 例を出して話を展開する方法は，わかりやすかった。
21 自分を誇りに思うことのできる内容があることは，これからの人生に多いにプラスになることが理解できた。
22 間の取り方が上手であった。
23 話し方は文章を書くことと同じであることがわかった。簡潔さや句読点の重要さが理解できた。
24 将来に対する前向きな姿勢，将来の夢の実現に関わることをうかがうことができ，自分自身のこれからに大いに参考になった。
25 敬語の使い方が良かった。
26 自分の性格をよく理解して話をしていた。
27 話す内容を聞きながら，興味や関心のもとで，状況や情景を想像することができ，共感することができた。
28 一生懸命さは，自分のこれからの一生懸命さに火をつけた。意欲や熱意が伝わってきた。
29 これから小学校教師になるために必要な多くのことを理解することができた。
30 これからの人生に希望をもち，とりわけ，福祉分野で活躍していこうとする生き方に賛同することができた。

3　3分間スピーチを聞いて直したら良いところ

学生たちは，他の学生の3分間スピーチを聞いて，直したら良い点として，次のことを指摘している。

1 四六時中，メモを見るのではなく，また，メモを読むのではなく，前を向いて話をすべきである。聴衆全体を見ながら話をすべきである。
2 緊張のせいかもしれないが，早口になっていた。丁寧にゆっくり話すとよい。
3 ハキハキしゃべること，そして，声の大きさやトーンに気を付けること。
4 スピーチであるので，普段，友だちと話す話し方，話し言葉ではいけない。

5 話すとき，同じ方向を見ないようにすると良い。
6 次にあげる言葉や言い回しは慎んだ方がよい。「えーと」「えー」「すごい」「なんか」「～みたいな」「～やけど」「ほんまに」「～感じで」「めちゃ」「～っていう」「あのー」「～やし」「お父さん」「お母さん」「お姉ちゃん」「お兄ちゃん」「～じゃないですか」「というか」「なんですよ」「まぁー」「んで」「～やから」「うち」等々。（人前では，「父」「母」「姉」「兄」「妹」「弟」「祖父」「祖母」「叔父」「叔母」を使用する）。
7 話す内容が整理されていなかった。脈絡がまったく感じられなかった。準備不足の感が読みとれた。話題が変わるときは，そのことを言った方がよい。
8 一方の手でマイクを使って話をしているものの，他方の手の動きが気になった。他方の手の置き方を工夫する。
9 身体をグニャグニャさせない。話すときの姿勢や立ち方は，身体をまっすぐに保って，前を向いて話すようにする。
10 擬音語が多かった。
11 話が長かったため，つまり，説明している内容がうまくまとまっていなかったため，3分間に収まらなかった。
12 話のプロセスに気を付け，導入・展開・終結（まとめ）の原則を厳守して欲しい。展開のところでは，一番に言いたいことがくるようにするとよい。
13 話の中の各々の文章の最後，すなわち，語尾は伸ばさない。そして，語尾は強く話さない。
14 話のプロセスの中で，一瞬，「間」が生じた。空白の時間が生じた。詰まってしまったのである。準備をしっかりしてくることが大切である。
15 内容上，盛りだくさんであることがわかった。また，同じことが何度も出てきた。一番話したいことに焦点を合わせることが大切である。
16 話している途中，笑わないこと，髪の毛など触らないこと。話すときの癖が出ないように気を付けるべきである。
17 話の中には，専門用語やわからない言葉などはできるだけ入れないようにする。
18 話の途中，みんなの意見を聞く場面があったが，そのような場合，いくつかの選択肢をあげて，挙手させると良い。
19 話の終わりには，まとめる形で，しめるとよい。「終わりよければすべてよし」。
20 書籍紹介のとき，内容を客観的なレベルでまとめていたが，自分の意見を入れることも忘れないようにすると良い。
21 3分間の話の中で，「です」調から「である」調に移行したが，口調は全体にわたって統一した方が良い。
22 話すとき，自信があれば，当然，元気で，ハキハキした印象を与える。話すとき

は，自信をもって話をすることが大切である。
23　話すときの文章は，書くときと同じく，短くする。話す文章は句読点を使用して，適当なところで切るようにする。
24　話を膨らますために，黒板やパネルを使用すると良い。
25　言ってはいけない言葉には細心の注意を払うこと。
26　話の内容に一貫性がない場合，焦点がぼけてしまう。言いたいことをあらかじめ3つぐらいに整理整頓しておくこと。第1に，第2に，そして，第3にというふうに，区切りをつけると良い。
27　朗読の場合，抑揚をしっかりつけると，想像力を働かせやすい。楽しい内容は楽しそうに話し，悲しい内容は悲しそうに話す。
28　3分間より短いケースがあった。内容の盛り合わせ方に問題があるので，検討したら良い。
29　話すとき，話し手の心情や世界観・人生観，さらには人柄などが出るので，ある程度のまじめさが必要になる。
30　話すとき，文法にも気を付ける。主語と述語の順序や目的語の位置などに気を付ける。

4　3分間スピーチの成果

　ここでは，3分間スピーチを行った感想いついて紹介しておこう。
　まず，3分間スピーチに対して，全面的に賛成の意を示してくれた意見を紹介しておこう。賛成の意見は，おおよそ，全体の98パーセントぐらいであった。

○　みんな，ハキハキと自分の言いたいことが発表でき，良かった。私は自分の気持ちをみんなに言葉にして伝えることが苦手なので，少し引け目を感じた。将来，小学校の教師になるのであれば，このような発表力をしっかりと付けておかなければならないと実感した。これから，毎日，友だちとの会話においても，正確に伝える力を付けるように努力していきたいと思った。
○　同じ年齢の学生のいろいろな体験談や経験談を聞くことができ，将来，大いに活かすことや役立てることができると確信した。非常に有意義な時間であると思った。
○　他の人の話を聞くこと，そして，自分も聞いて欲しいと思う内容をもち，いつか，聞いてもらえる機会をもつことは，内容の交換につながるので，非常に良い機会であったと思う。このような機会があれば，積極的に参加してみようと思った。

○ 大学に入って，正式な形で他の人の意見や感じていることを聞く機会がなかったので，非常にいい刺激になった。自分も頑張ろうと思った。
○ 人間の成長のメカニズムを発見することができた。いろいろな経験や体験を交換することによって，励まされ，勇気をもらい，強くなっていくことを理解することができた。
○ 初めて人前で話すことを体験した。始めは他の学生の顔をまともに見ることができなかったが，話しをしている途中で，徐々に慣れてきて，正面を向いて話すことができるようになった。そのときの気持ちは，「できたー」の一言につきる。内容を通して通じることの嬉しさを実感することができた。これから，聞きやすい話や伝わりやすい話ができるように，心がけていきたいと思った。
○ みんなのいろいろな経験や体験，思い，考えなど，自分だけでは得ることのできない貴重なものを聞くことができて，楽しい時間になったと実感している。この時間は，自分を見つめ直す機会にもなった。経験や体験は，人に伝えてこそ，言葉にしてこそ，生き，残っていくことができるものであるかもしれない。充実した時間であったので，うれしく思った。
○ みんなの話を聞いていて，いろいろなことを理解することできた。話すときに気を付けるべきことがわかっただけでも，有意義さを感じた。3分間スピーチをしようと決心したのが遅くて，今日はスピーチをすることができなかったので，悔しい思いをした。次に，このようなチャンスがあれば，是非チャレンジするので，時間を作ってほしいと思った。
○ みんなの前で話すことは緊張することが予想されるにもかかわらず，ほかの学生さんは次々と積極的に発表している。その姿を見て，「凄いなー」と感じた。そのような積極性は，これから教師になるためにも，また，これから社会に出て活躍するうえにも，最も重要で最も大切なことになってくるのではないかと感じた。非常に有意義な時間であったと思う。
○ 他の学生のみんなが考えていること，思っていること，悩んでいること，想像していることなどを直接聞くことができ，大変良かったと思う。自分の考え方が随分と広がったような気がする。
○ みんなの前に出て話す勇気に感激した。言い過ぎかもしれないが，普段受けている，普通の授業より有意義ではないかと思った。
○ 自分が3分間スピーチをしてみて，いろいろなことについて反省している。早口でしゃべったこと，内容を十分にまとめていなかったこと，起承転結，導入・展開・終結を考慮しなかったこと，みんなの顔を見て話しをすることができなかったこと等々。しかし，自分のスピーチを終えた後，いろいろな学生のスピーチの中で，良いところをしっかりとメモしたので，次回，スピーチをするときはこれらを生か

して，今日よりも堂々と笑顔で，わかりやすくスピーチをするように心がけたいと思った。
○ 3分間スピーチをし終えたとき，緊張しすぎたせいもあって，何をどのように話したのか，声の抑揚はどうであったのか，聴衆の反応はどうであったのか，まったく思い出せないままであった。スピーチをし終えた後，他の学生のスピーチを聞いていると，わりと上手に流暢に話しているので，羨ましく思った。と同時に，逆に，自分のスピーチのどの点を直したらよいのか，どの点に気を付けたらよいのかなどについて理解することできた。スピーチの中で自分を十分に前面に出すことができなかったので，自分自身を少し恥じている。
○ 話しに聞き入ってしまい，メモを取ることを忘れてしまった。
○ 1コマ使った3分間スピーチは，有意義であった。楽しかった。もう1コマあると良いと思った。
○ 前に出て3分間スピーチをしてみて，言いたいこと，伝えたいことなど3分間にまとめることは難しいと思った。でもスピーチをしているとき，こちらを向いて聞いてくれる人が笑ってくれたり，目を輝かせてくれたことに感激した。そして，スピーチの最後に，一斉に拍手をしてくれたときは，やって良かったという感想をもった。案外，あがることなく，冷静に話しをすすめることができ，良かったと思う。とにかく，みんなの日ごろの体験談を聞くことができ，本当に良かったと思う。
○ 多くの人の3分間スピーチを聞いて，改めて，3分間スピーチの難しさを実感した。
○ 3分間スピーチをしている人すべて，一生懸命で，素直で，その人それぞれの人生模様を見ることができ，非常に興味深く聞くことができた。
○ 昔から人前で話すことが大嫌いであったが，今日，3分間スピーチをしてみて，多少自信が付いたような気がする。これを契機に，これから積極的に生きていく覚悟である。
○ みんな，いろいろ悩みながら，いろいろなことにチャレンジしながら，自分の夢の実現に向けて頑張っていることがわかった。何でも，やってみないとわからないんだということがわかった。

しかし，次に，3分間スピーチに対して疑問をもった学生もいた。その学生の意見も紹介しておこう。反対の意見をもった学生は，全体の2パーセントぐらいであった。

○ 3分間スピーチのために90分間使用するのはどうかと思うが，有意義さが感じら

れるので，またやってほしい。できれば授業の余った時間などを使用してやってほしい。
○ 1コマすべてを使用して，3分間スピーチをすることは，授業の趣旨からみれば，少し違和感を覚える。

参考文献

相原次男・新富康央編（2001）『個性をひらく特別活動』ミネルヴァ書房。
片岡徳雄（1990）『特別活動編』（教職科学講座14）福村出版。
高旗正人・倉田侃司編（2004）『新しい特別活動指導論』ミネルヴァ書房。
宮川八岐（1999）『新小学校教育課程講座（特別活動）』ぎょうせい。
山﨑英則（2008）『新・特別活動の指導原理』神戸親和女子大学出版部。

（山﨑英則）

資料1　学習指導要領　特別活動

> 小学校学習指導要領
> （平成20年3月告示）

第6章　特別活動

第1　目標

望ましい集団活動を通して，心身の調和のとれた発達と個性の伸長を図り，集団の一員としてよりよい生活や人間関係を築こうとする自主的，実践的な態度を育てるとともに，自己の生き方についての考えを深め，自己を生かす能力を養う。

第2　各活動・学校行事の目標及び内容

〔学級活動〕
1　目　標
　学級活動を通して，望ましい人間関係を形成し，集団の一員として学級や学校におけるよりよい生活づくりに参画し，諸問題を解決しようとする自主的，実践的な態度や健全な生活態度を育てる。
2　内　容
〔第1学年及び第2学年〕
　学級を単位として，仲良く助け合い学級生活を楽しくするとともに，日常の生活や学習に進んで取り組もうとする態度の育成に資する活動を行うこと。
〔第3学年及び第4学年〕
　学級を単位として，協力し合って楽しい学級生活をつくるとともに，日常の生活や学習に意欲的に取り組もうとする態度の育成に資する活動を行うこと。
〔第5学年及び第6学年〕
　学級を単位として，信頼し支え合って楽しく豊かな学級や学校の生活をつくるとともに，日常の生活や学習に自主的に取り組もうとする態度の向上に資する活動を行うこと。
〔共通事項〕

(1) 学級や学校の生活づくり
　ア　学級や学校における生活上の諸問題の解決
　イ　学級内の組織づくりや仕事の分担処理
　ウ　学校における多様な集団の生活の向上
(2) 日常の生活や学習への適応及び健康安全
　ア　希望や目標をもって生きる態度の形成
　イ　基本的な生活習慣の形成
　ウ　望ましい人間関係の形成
　エ　清掃などの当番活動等の役割と働くことの意義の理解
　オ　学校図書館の利用
　カ　心身ともに健康で安全な生活態度の形成
　キ　食育の観点を踏まえた学校給食と望ましい食習慣の形成

〔児童会活動〕
1　目　標
　児童会活動を通して，望ましい人間関係を形成し，集団の一員としてよりよい学校生活づくりに参画し，協力して諸問題を解決しようとする自主的，実践的な態度を育てる。
2　内　容
　学校の全児童をもって組織する児童会において，学校生活の充実と向上を図る活動を行うこと。
(1) 児童会の計画や運営
(2) 異年齢集団による交流
(3) 学校行事への協力

〔クラブ活動〕
1　目　標
　クラブ活動を通して，望ましい人間関係を形成し，個性の伸長を図り，集団の一員として協力してよりよいクラブづくりに参画しようとする自主的，実践的な態度を育てる。
2　内　容
　学年や学級の所属を離れ，主として第4学年以上の同好の児童をもって組織するクラブにおいて，異年齢集団の交流を深め，共通の

興味・関心を追求する活動を行うこと。
　(1) クラブの計画や運営
　(2) クラブを楽しむ活動
　(3) クラブの成果の発表
〔学校行事〕
1　目　標
学校行事を通して，望ましい人間関係を形成し，集団への所属感や連帯感を深め，公共の精神を養い，協力してよりよい学校生活を築こうとする自主的，実践的な態度を育てる。
2　内　容
　全校又は学年を単位として，学校生活に秩序と変化を与え，学校生活の充実と発展に資する体験的な活動を行うこと。
(1) 儀式的行事
　学校生活に有意義な変化や折り目を付け，厳粛で清新な気分を味わい，新しい生活の展開への動機付けとなるような活動を行うこと。
(2) 文化的行事
　平素の学習活動の成果を発表し，その向上の意欲を一層高めたり，文化や芸術に親しんだりするような活動を行うこと。
(3) 健康安全・体育的行事
　心身の健全な発達や健康の保持増進などについての関心を高め，安全な行動や規律ある集団行動の体得，運動に親しむ態度の育成，責任感や連帯感の涵養，体力の向上などに資するような活動を行うこと。
(4) 遠足・集団宿泊的行事
　自然の中での集団宿泊活動などの平素と異なる生活環境にあって，見聞を広め，自然や文化などに親しむとともに，人間関係などの集団生活の在り方や公衆道徳などについての望ましい体験を積むことができるような活動を行うこと。
(5) 勤労生産・奉仕的行事
　勤労の尊さや生産の喜びを体得するとともに，ボランティア活動などの社会奉仕の精神を養う体験が得られるような活動を行うこと。

第3　指導計画の作成と内容の取扱い

1　指導計画の作成に当たっては，次の事項に配慮するものとする。
(1) 特別活動の全体計画や各活動・学校行事の年間指導計画の作成に当たっては，学校の創意工夫を生かすとともに，学級や学校の実態や児童の発達の段階などを考慮し，児童による自主的，実践的な活動が助長されるようにすること。また，各教科，道徳，外国語活動及び総合的な学習の時間などの指導との関連を図るとともに，家庭や地域の人々との連携，社会教育施設等の活用などを工夫すること。
(2) 〔学級活動〕などにおいて，児童が自ら現在及び将来の生き方を考えることができるよう工夫すること。
(3) 〔クラブ活動〕については，学校や地域の実態等を考慮しつつ児童の興味・関心を踏まえて計画し実施できるようにすること。
(4) 第1章総則の第1の2及び第3章道徳の第1に示す道徳教育の目標に基づき，道徳の時間などとの関連を考慮しながら，第3章道徳の第2に示す内容について，特別活動の特質に応じて適切な指導をすること。
2　第2の内容の取扱いについては，次の事項に配慮するものとする。
(1) 〔学級活動〕，〔児童会活動〕及び〔クラブ活動〕の指導については，指導内容の特質に応じて，教師の適切な指導の下に，児童の自発的，自治的な活動が効果的に展開されるようにするとともに，内容相互の関連を図るよう工夫すること。また，よりよい生活を築くために集団としての意見をまとめるなどの話合い活動や自分たちできまりをつくって守る活動，人間関係を形成する力を養う活動などを充実するよう工夫すること。
(2) 〔学級活動〕については，学級，学校及び児童の実態，学級集団の育成上の課題や発達の課題及び第3章道徳の第3の1の(3)に示す道徳教育の重点などを踏まえ，各学年段階において取り上げる指導内容の重点化を図るとともに，必要に応じて，内容間の関連や統合を図ったり，他の内容を加えたりすることができること。また，学級経営の充実を図り，個々の児童についての理解を深め，児童との信頼関係を基礎に指導を行うとともに，生徒

資料1　学習指導要領　特別活動

指導との関連を図るようにすること。
(3)〔児童会活動〕の運営は，主として高学年の児童が行うこと。
(4)〔学校行事〕については，学校や地域及び児童の実態に応じて，各種類ごとに，行事及びその内容を重点化するとともに，行事間の関連や統合を図るなど精選して実施すること。また，実施に当たっては，異年齢集団による交流，幼児，高齢者，障害のある人々などとの触れ合い，自然体験や社会体験などの体験活動を充実するとともに，体験活動を通して気付いたことなどを振り返り，まとめたり，発表し合ったりするなどの活動を充実するよう工夫すること。
3　入学式や卒業式などにおいては，その意義を踏まえ，国旗を掲揚するとともに，国歌を斉唱するよう指導するものとする。

中学校学習指導要領
(平成20年3月告示)

第5章　特別活動

第1　目標

望ましい集団活動を通して，心身の調和のとれた発達と個性の伸長を図り，集団や社会の一員としてよりよい生活や人間関係を築こうとする自主的，実践的な態度を育てるとともに，人間としての生き方についての自覚を深め，自己を生かす能力を養う。

第2　各活動・学校行事の目標及び内容

〔学級活動〕
1　目　標
学級活動を通して，望ましい人間関係を形成し，集団の一員として学級や学校におけるよりよい生活づくりに参画し，諸問題を解決しようとする自主的，実践的な態度や健全な生活態度を育てる。
2　内　容
学級を単位として，学級や学校の生活の充実と向上，生徒が当面する諸課題への対応に資する活動を行うこと。
(1) 学級や学校の生活づくり
　ア　学級や学校における生活上の諸問題の解決
　イ　学級内の組織づくりや仕事の分担処理
　ウ　学校における多様な集団の生活の向上
(2) 適応と成長及び健康安全
　ア　思春期の不安や悩みとその解決
　イ　自己及び他者の個性の理解と尊重
　ウ　社会の一員としての自覚と責任
　エ　男女相互の理解と協力
　オ　望ましい人間関係の確立
　カ　ボランティア活動の意義の理解と参加
　キ　心身ともに健康で安全な生活態度や習慣の形成
　ク　性的な発達への適応
　ケ　食育の観点を踏まえた学校給食と望ましい食習慣の形成
(3) 学業と進路
　ア　学ぶことと働くことの意義の理解
　イ　自主的な学習態度の形成と学校図書館の利用
　ウ　進路適性の吟味と進路情報の活用
　エ　望ましい勤労観・職業観の形成
　オ　主体的な進路の選択と将来設計

〔生徒会活動〕
1　目　標
生徒会活動を通して，望ましい人間関係を形成し，集団や社会の一員としてよりよい学校生活づくりに参画し，協力して諸問題を解決しようとする自主的，実践的な態度を育てる。
2　内　容
学校の全生徒をもって組織する生徒会において，学校生活の充実と向上を図る活動を行うこと。
(1) 生徒会の計画や運営
(2) 異年齢集団による交流
(3) 生徒の諸活動についての連絡調整
(4) 学校行事への協力
(5) ボランティア活動などの社会参加

〔学校行事〕
1　目　標

学校行事を通して，望ましい人間関係を形成し，集団への所属感や連帯感を深め，公共の精神を養い，協力してよりよい学校生活を築こうとする自主的，実践的な態度を育てる。
2　内　容
全校又は学年を単位として，学校生活に秩序と変化を与え，学校生活の充実と発展に資する体験的な活動を行うこと。
(1) 儀式的行事
学校生活に有意義な変化や折り目を付け，厳粛で清新な気分を味わい，新しい生活の展開への動機付けとなるような活動を行うこと。
(2) 文化的行事
平素の学習活動の成果を発表し，その向上の意欲を一層高めたり，文化や芸術に親しんだりするような活動を行うこと。
(3) 健康安全・体育的行事
心身の健全な発達や健康の保持増進などについての理解を深め，安全な行動や規律ある集団行動の体得，運動に親しむ態度の育成，責任感や連帯感の涵養，体力の向上などに資するような活動を行うこと。
(4) 旅行・集団宿泊的行事
平素と異なる生活環境にあって，見聞を広め，自然や文化などに親しむとともに，集団生活の在り方や公衆道徳などについての望ましい体験を積むことができるような活動を行うこと。
(5) 勤労生産・奉仕的行事
勤労の尊さや創造することの喜びを体得し，職場体験などの職業や進路にかかわる啓発的な体験が得られるようにするとともに，共に助け合って生きることの喜びを体得し，ボランティア活動などの社会奉仕の精神を養う体験が得られるような活動を行うこと。

第3　指導計画の作成と内容の取扱い
1　指導計画の作成に当たっては，次の事項に配慮するものとする。
(1) 特別活動の全体計画や各活動・学校行事の年間指導計画の作成に当たっては，学校の創意工夫を生かすとともに，学校の実態や生徒の発達の段階などを考慮し，生徒による自主的，実践的な活動が助長されるようにすること。また，各教科，道徳及び総合的な学習の時間などの指導との関連を図るとともに，家庭や地域の人々との連携，社会教育施設等の活用などを工夫すること。
(2) 生徒指導の機能を十分に生かすとともに，教育相談（進路相談を含む。）についても，生徒の家庭との連絡を密にし，適切に実施できるようにすること。
(3) 学校生活への適応や人間関係の形成，進路の選択などの指導に当たっては，ガイダンスの機能を充実するよう〔学級活動〕等の指導を工夫すること。特に，中学校入学当初においては，個々の生徒が学校生活に適応するとともに，希望と目標をもって生活をできるよう工夫すること。
(4) 第1章総則の第1の2及び第3章道徳の第1に示す道徳教育の目標に基づき，道徳の時間などとの関連を考慮しながら，第3章道徳の第2に示す内容について，特別活動の特質に応じて適切な指導をすること。
2　第2の内容の取扱いについては，次の事項に配慮するものとする。
(1) 〔学級活動〕及び〔生徒会活動〕の指導については，指導内容の特質に応じて，教師の適切な指導の下に，生徒の自発的，自治的な活動が効果的に展開されるようにするとともに，内容相互の関連を図るよう工夫すること。また，よりよい生活を築くために集団としての意見をまとめるなどの話合い活動や自分たちできまりをつくって守る活動，人間関係を形成する力を養う活動などを充実するよう工夫すること。
(2) 〔学級活動〕については，学校，生徒の実態及び第3章道徳の第3の1の(3)に示す道徳教育の重点などを踏まえ，各学年において取り上げる指導内容の重点化を図るとともに，必要に応じて，内容間の関連や統合を図ったり，他の内容を加えたりすることができること。また，個々の生徒についての理解を深め，生徒との信頼関係を基礎に指導を行うとともに，生徒指導との関連を図るようにすること。
(3) 〔学校行事〕については，学校や地域及

生徒の実態に応じて，各種類ごとに，行事及びその内容を重点化するとともに，行事間の関連や統合を図るなど精選して実施すること。また，実施に当たっては，幼児，高齢者，障害のある人々などとの触れ合い，自然体験や社会体験などの体験活動を充実するとともに，体験活動を通して気付いたことなどを振り返り，まとめたり，発表し合ったりするなどの活動を充実するよう工夫すること。

3 入学式や卒業式などにおいては，その意義を踏まえ，国旗を掲揚するとともに，国歌を斉唱するよう指導するものとする。

高等学校学習指導要領
（平成21年3月）

第5章 特別活動

第1 目標

望ましい集団活動を通して，心身の調和のとれた発達と個性の伸長を図り，集団や社会の一員としてよりよい生活や人間関係を築こうとする自主的，実践的な態度を育てるとともに，人間としての在り方生き方についての自覚を深め，自己を生かす能力を養う。

第2 各活動・学校行事の目標及び内容

〔ホームルーム活動〕
1 目標
　ホームルーム活動を通して，望ましい人間関係を形成し，集団の一員としてホームルームや学校におけるよりよい生活づくりに参画し，諸問題を解決しようとする自主的，実践的な態度や健全な生活態度を育てる。
2 内容
　学校における生徒の基礎的な生活集団として編成したホームルームを単位として，ホームルームや学校の生活の充実と向上，生徒が当面する諸課題への対応に資する活動を行うこと。
(1) ホームルームや学校の生活づくり
　ア　ホームルームや学校における生活上の諸問題の解決
　イ　ホームルーム内の組織づくりと自主的な活動
　ウ　学校における多様な集団の生活の向上
(2) 適応と成長及び健康安全
　ア　青年期の悩みや課題とその解決
　イ　自己及び他者の個性の理解と尊重
　ウ　社会生活における役割の自覚と自己責任
　エ　男女相互の理解と協力
　オ　コミュニケーション能力の育成と人間関係の確立
　カ　ボランティア活動の意義の理解と参画
　キ　国際理解と国際交流
　ク　心身の健康と健全な生活態度や規律ある習慣の確立
　ケ　生命の尊重と安全な生活態度や規律ある習慣の確立
(3) 学業と進路
　ア　学ぶことと働くことの意義の理解
　イ　主体的な学習態度の確立と学校図書館の利用
　ウ　教科・科目の適切な選択
　エ　進路適性の理解と進路情報の活用
　オ　望ましい勤労観・職業観の確立
　カ　主体的な進路の選択決定と将来設計

〔生徒会活動〕
1 目標
　生徒会活動を通して，望ましい人間関係を形成し，集団や社会の一員としてよりよい学校生活づくりに参画し，協力して諸問題を解決しようとする自主的，実践的な態度を育てる。
2 内容
　学校の全生徒をもって組織する生徒会において，学校生活の充実と向上を図る活動を行うこと。
(1) 生徒会の計画や運営
(2) 異年齢集団による交流
(3) 生徒の諸活動についての連絡調整
(4) 学校行事への協力
(5) ボランティア活動などの社会参画

〔学校行事〕

1 目 標

　学校行事を通して,望ましい人間関係を形成し,集団への所属感や連帯感を深め,公共の精神を養い,協力してよりよい学校生活や社会生活を築こうとする自主的,実践的な態度を育てる。

2 内 容

　全校若しくは学年又はそれらに準ずる集団を単位として,学校生活に秩序と変化を与え,学校生活の充実と発展に資する体験的な活動を行うこと。

(1) 儀式的行事

　学校生活に有意義な変化や折り目を付け,厳粛で清新な気分を味わい,新しい生活の展開への動機付けとなるような活動を行うこと。

(2) 文化的行事

　平素の学習活動の成果を総合的に生かし,その向上の意欲を一層高めたり,文化や芸術に親しんだりするような活動を行うこと。

(3) 健康安全・体育的行事

　心身の健全な発達や健康の保持増進などについての理解を深め,安全な行動や規律ある集団行動の体得,運動に親しむ態度の育成,責任感や連帯感の涵養,体力の向上などに資するような活動を行うこと。

(4) 旅行・集団宿泊的行事

　平素と異なる生活環境にあって,見聞を広め,自然や文化などに親しむとともに,集団生活の在り方や公衆道徳などについての望ましい体験を積むことができるような活動を行うこと。

(5) 勤労生産・奉仕的行事

　勤労の尊さや創造することの喜びを体得し,就業体験などの職業観の形成や進路の選択決定などに資する体験が得られるようにするとともに,共に助け合って生きることの喜びを体得し,ボランティア活動などの社会奉仕の精神を養う体験が得られるような活動を行うこと。

第3 指導計画の作成と内容の取扱い

1 指導計画の作成に当たっては,次の事項に配慮するものとする。

(1) 特別活動の全体計画や各活動・学校行事の年間指導計画の作成に当たっては,学校の創意工夫を生かすとともに,学校の実態や生徒の発達の段階及び特性等を考慮し,生徒による自主的,実践的な活動が助長されるようにすること。また,各教科・科目や総合的な学習の時間などの指導との関連を図るとともに,家庭や地域の人々との連携,社会教育施設等の活用などを工夫すること。その際,ボランティア活動などの社会奉仕の精神を養う体験的な活動や就業体験などの勤労にかかわる体験的な活動の機会をできるだけ取り入れること。

(2) 生徒指導の機能を十分に生かすとともに,教育相談(進路相談を含む。)についても,生徒の家庭との連絡を密にし,適切に実施できるようにすること。

(3) 学校生活への適応や人間関係の形成,教科・科目や進路の選択などの指導に当たっては,ガイダンスの機能を充実するよう〔ホームルーム活動〕等の指導を工夫すること。特に,高等学校入学当初においては,個々の生徒が学校生活に適応するとともに,希望と目標をもって生活をできるよう工夫すること。

(4) 〔ホームルーム活動〕を中心として特別活動の全体を通じて,特に社会において自立的に生きることができるようにするため,社会の一員としての自己の生き方を探求するなど,人間としての在り方生き方の指導が行われるようにすること。その際,他の教科,特に公民科や総合的な学習の時間との関連を図ること。

2 第2の内容の取扱いについては,次の事項に配慮するものとする。

(1) 〔ホームルーム活動〕及び〔生徒会活動〕の指導については,指導内容の特質に応じて,教師の適切な指導の下に,生徒の自発的,自治的な活動が効果的に展開されるようにするとともに,内容相互の関連を図るよう工夫すること。また,よりよい生活を築くために集団としての意見をまとめるなどの話合い活動や自分たちできまりをつくって守る活動,人間関係を形成する力を養う活動などを充実す

るよう工夫すること。
(2)〔ホームルーム活動〕及び〔生徒会活動〕については，学校や地域及び生徒の実態に応じて，取り上げる指導内容の重点化を図るとともに，入学から卒業までを見通して，必要に応じて内容間の関連や統合を図ったり，他の内容を加えたりすることができること。また，〔ホームルーム活動〕については，個々の生徒についての理解を深め，生徒との信頼関係を基礎に指導を行うとともに，生徒指導との関連を図るようにすること。
(3)〔学校行事〕については，学校や地域及び生徒の実態に応じて，各種類ごとに，行事及びその内容を重点化するとともに，入学から卒業までを見通して，行事間の関連や統合を図るなど精選して実施すること。また，実施に当たっては，幼児，高齢者，障害のある人々などとの触れ合い，自然体験や社会体験などの体験活動を充実するとともに，体験活動を通して気付いたことなどを振り返り，まとめたり，発表し合ったりするなどの活動を充実するよう工夫すること。
(4) 特別活動の一環として学校給食を実施する場合には，食育の観点を踏まえた適切な指導を行うこと。
3 入学式や卒業式などにおいては，その意義を踏まえ，国旗を掲揚するとともに，国歌を斉唱するよう指導するものとする。
4 〔ホームルーム活動〕については，主としてホームルームごとにホームルーム担任の教師が指導することを原則とし，活動の内容によっては他の教師などの協力を得ることとする。

資料2　特別活動の変遷

```
┌─────────────────────────────────────────────────────────────┐
│　　　　　　　　　　　　　　　　　　　　　昭和22年（小・中・高）│
│学習指導要領一般編（試案）　　　　　　　　　　　　　　　　　　　│
└─────────────────────────────────────────────────────────────┘
 ・名称：「自由研究」
 ・内容：教科の発展としての自由な学習
　　　　　　クラブ活動，当番・学級委員の仕事
 ・備考・教科の中の選択科目として設置

┌─────────────────────────────────────────────────────────────┐
│新制中学校の教科と　　　　　　　　　　　　　　　　昭和24年（中）│
│時間数の改正について（通達）　　　　　　　　　　　　　　　　　　│
└─────────────────────────────────────────────────────────────┘
 ・名称：（中）「特別教育活動」
 ・内容：運動・趣味・娯楽，ホーム・ルーム活動，生徒会活動
 ・備考：生徒指導の一環としてのホームルーム活動

┌─────────────────────────────────────────────────────────────┐
│第1次改訂　　　　　　　　　　　　　　　　　昭和26年（小・中・高）│
│学習指導要領一般編（試案）　　　　　　　　　　　　　　　　　　　│
└─────────────────────────────────────────────────────────────┘
 ・名称：（小）「教科以外の活動」（中・高）「特別教育活動」
 ・内容：（小）児童会，学級会，クラブ活動
　　　　　（中・高）ホームルーム，生徒会，生徒集会，クラブ活動
 ・備考：自由研究の発展的解消

┌─────────────────────────────────────────────────────────────┐
│第2次改訂　　　　　　　　　　　　　昭和33年（小・中）35年（高）│
│学習指導要領一般編（官報告示）　　　　　　　　　　　　　　　　　│
└─────────────────────────────────────────────────────────────┘
 ・名称：（小・中・高）「特別教育活動」
 ・内容：（小）児童会活動，学級会活動，クラブ活動
　　　　　（中）生徒会活動，クラブ活動活動，学級活動
　　　　　（高）ホームルーム活動，生徒会活動，クラブ活動
 ・備考：自発的・自主的な活動の強調

┌─────────────────────────────────────────────────────────────┐
│第3次改訂　　　　　　　　　　昭和43年（小）44年（中）45年（高）│
│学習指導要領一般編（官報告示）　　　　　　　　　　　　　　　　　│
└─────────────────────────────────────────────────────────────┘
 ・名称：（小・中）「特別活動」（高）「各教科以外の教育活動」
 ・内容：（小・中）児童（生徒）活動，学校行事，学級指導
　　　　　（高）ホームルーム活動，生徒会活動，クラブ活動，学校行事
 ・備考：学校行事の導入，生徒指導の充実
```

資料2　特別活動の変遷

| 第4次改訂　　　　　　　　　　　　　　　　　昭和52年（小・中）53年（高）
| 学習指導要領一般編（官報告示）

- 名称：（小・中・高）「特別活動」
- 内容：（小・中）児童（生徒）活動，学校行事，学級指導
　　　　（高）ホームルーム活動，生徒会活動，クラブ活動，学校行事
- 備考：小・中・高の関連化，ゆとりの時間の活用

| 第5次改訂　　　　　　　　　　　　　　　　　　　　平成元年（小・中・高）
| 学習指導要領一般編（官報告示）

- 名称：（小・中・高）「特別活動」
- 内容：（小・中）学級活動，児童（生徒）活動，クラブ活動，学校行事
　　　　（高）ホームルーム活動，生徒会活動，クラブ活動，学校行事
- 備考：学級活動の新設

| 第6次改訂　　　　　　　　　　　　　　　　平成10年（小・中）11年（高）
| 学習指導要領一般編（官報告示）

- 名称：（小・中・高）「特別活動」
- 内容：（小）学級活動，児童会活動，クラブ活動，学校行事
　　　　（中）学級活動，生徒会活動，学校行事
　　　　（高）ホームルーム活動，生徒会活動，学校行事
- 備考：クラブ活動の削減（中・高）

| 第7次改訂　　　　　　　　　　　　　　　　平成20年（小・中）21年（高）
| 学習指導要領一般編（官報告示）

- 名称：（小・中・高）「特別活動」
- 内容：（小）学級活動，児童会活動，クラブ活動，学校行事
　　　　（中）学級活動，生徒会活動，学校行事
　　　　（高）ホームルーム活動，生徒会活動，学校行事
- 備考：人間関係形成の強調，学級活動における低・中・高学年別の内容の提示（小）

（出所）　太田佳光「特別活動の歴史」高旗正人・倉田侃司編『新しい特別活動指導論　第2版』ミネルヴァ書房，2011年，178-179頁。

索　引

ア行
あいさつ運動　8
朝の会　3, 42
アセンブリー　9
『アメリカ教育使節団報告書』　81
委員会　71
委員会活動　72
異学年の縦割り活動　37
異学年の縦割り集団　37
生きる力　28, 92, 93
生きる力を培う　36
意見を表明し，参画する意識を育てる　36
いじめ　21
イニシアティブ　193
異年齢集団　23, 69, 76, 96
　　──活動　67
運営委員会　69, 71
遠足（旅行）・集団宿泊的行事　118, 158
オーガニック　41
お知らせタイム　43
お尋ねの時間　43
お茶係　11
終わりの会　6, 13

カ行
帰りの会　6, 13
課外活動　164
課外クラブ　98
係　142
各学年相互間の関連　157
各教科からの特別活動への貢献　128
各教科等及び各学年相互間の関連　145
各教科と特別活動の関係　128
学業と進路　52, 54, 58
学芸的行事　190
学習指導要領　96
　　昭和33年版　172
　　平成20年版　173
舵取り役（gubernaculum）　172

課題解決型の集団活動　136
学級　139
学級（ホームルーム）や学校の生活づくり　53
学級会活動　184
学級活動　10, 43, 185
　　──の内容区分　52
　　──に充てる授業時間　60
　　──の授業　62
　　──の年間計画表　60
　　──の目標　50
学級経営　139
学級新聞　42
学級づくり　139
学級の規律づくり　141
学級文庫コーナー　39
学級目標づくり　140
学級や学校の生活づくり　52
学校行事　185, 189
　　──の目標・内容　114
学校行事等　183
学校紛擾　81
活動計画　72, 73, 74
家庭的な癒しの雰囲気　42
噛み噛み運動　40
川越高校（埼玉県川越市）　88
キケロ，M. T.　172
儀式的行事　115
起承転結　194, 201
基礎基本の定着　28
議題　74
きまり　142
逆コース　165
キャリア教育　113
ギャングエイジ　27
究極目標　149
教育基本法　18
教育の目的　18
教育の目標　18
教員の企画力　108

索　引

教員の高齢化　106
教員の多忙化　106
教科以外の活動　180
教師の代理的業務　160
協同的に取り組む態度　148
協力し合って楽しい学級生活をつくる　34
協力者（follower）　170
許容的な学級の雰囲気（集団風土）　58
勤労観　22
勤労生産・奉仕的行事　119, 151, 152
暮らしの確かめ　43
クラブ活動　7, 96, 135, 181, 184
クラブ長　74
計画的，組織的な進路指導　59
系統的・発展的な指導　145
健康安全・体育的行事　117
健康観察　43
健全な生活態度　34, 51, 52
『現場の児童研究』　45
効果的な話合い活動　134
公共の精神　37, 38
校則の見直し　86-91
広報活動　74
校友会　80, 164
向陽中学校（北海道小樽市）　91
志をもつ学年　44
個性の充実　28
個性の発見と理解　27
個性を生かし合う学級　36
5W1H　194
子どもの意見表明権　87
コの字型　41
コミュニケーション能力　131

サ行

参加体験型学習　93
3年生の学級経営の指針　46
3分間スピーチ　193
自己のよさや可能性　150
支持的風土　32, 140
指示待ち人間　85, 92
自主的，実践的な態度　33, 51

――の育成　28
――の形態　55
事前・事後の活動　154, 156, 157
自治的活動　68
自治的能力の育成　173
自治の修練　165
児童会　180
児童会活動　66, 184
児童集会　180
児童の権利に関する条約　87
指導の専門性　106
自発的・自治的活動　165
――な活動の形態　55
自分のよさや可能性　150
社会参画　75
社会性　21
社会性の育成　27
社会的な資質　148
修学旅行と総合的な学習の時間との関係付け　156
自由からの逃走　86
就業体験　153
自由研究　178
収束的思考　134
集団　141
集団活動　131
集団規範　67
集団主義　166
集団登校　2
集団の規律　142
集団文化　67
収斂的思考　134
準拠集団　32, 140
小1プロブレム　21
常時活動　73, 75
ショート集会　75
食育　40
食育　117
職業観　22
職場体験　164
所属意識　67
所属集団　140

215

諸問題を解決する　33
『新教育指針』　165
心身の調和のとれた発達　27
身土不二　40
新聞記事のコーナー　42
信頼し支え合って楽しく豊かな学級や学校の生
　　活をつくる　35
正課クラブ　98
生活習慣を振り返る　38
生活集団としてのホームルーム　50
生活づくりに参画する　33
生活の充実と向上　55
生活の場の組織化　56
生徒会活動　184
生徒活動　185
生徒憲章　88
生徒自治会　82
全校児童集会　75, 77
全国生活指導研究協議会（全生研）　166
前提目標　147
掃除当番　10
「卒業への道」文集　37
卒塚の機　9

タ行

体験活動　22
体験的活動　132
　　——の豊かさ　133
代表委員会　69, 70, 73
縦割り班活動　76, 77
単なる物見遊山　159
地域子ども会　77
遅刻撲滅運動　8
チャムシップ　27
中1ギャップ　21
中央教育審議会　20, 98
中央教育審議会答申　20
通年制　72
適応と成長及び健康安全　52, 54
到達目標　149
道徳教育　68, 137
導入・展開・終結　199, 201

――の原則　194
読書ノート　4
特別活動　185
特別活動から各教科への貢献　128, 131
特別活動と道徳との関係　137, 138
特別活動における道徳の指導　137
特別活動の3つの内容　50
特別活動の改善の基本方針　50
特別活動の課題　26
特別活動の特質および教育的意義　25
特別活動の内容と特質　25
特別活動の目標　19, 24
特別教育活動　181

ナ行

内容目標　149
長橋中学校（北海道小樽市）　90
仲良く助け合う　34
ニート青年　23
二期制　72
人間関係　84
人間関係づくり　57
望ましい集団活動　26, 32
望ましい食習慣　40
望ましい人間関係　51, 190

ハ行

はじめに子どもありき　42
発散的思考　134
パーティシペーション　193
話し合い学習　43
話し合いの技術や方法　133
早寝，早起き，朝ごはん　40
班つくり・核つくり・討議つくり　166
班で向き合う　41
引きこもり　21
一人学習　38
一人一役　143
表現活動　43
フードマイレージ　41
部活動　7, 13, 96
部活動代替措置　98

二人が組む体制　41
不登校　21
振り返りノート　37
文化的行事　136, 116, 153, 190
平素の学習活動の成果　136
壁面構成　42
ペスタロッチ, J. H.　17
ペンネーム　196
防衛的風土　141
方向目標　149
奉仕活動　180
ホームルーム　50
　――活動の目標　51
ボランティア活動　9, 83, 84
ボランティア精神　38

マ行

マカレンコ, A. N.　166
マッコーン, H. C.　166
松本美須々ヶ丘高等学校（長野県松本市）　89
3つの意味段階　147
三つのわ　40
民主主義　66
民主的リーダーシップ　165
目的意識　76

ヤ行

役割分担　142
役割分担の工夫　142
湯川中学校（福岡県北九州市）　92
4年生の学級経営の指針　47
よりよい人間関係　21, 173

ラ行

ランチルーム　41
リーダー　160
リーダーシップ　23
リーダーシップ教育　161
リーダー的資質　161, 167
リーダーの教育者的視点　168
輪番制　143
ルーティン化　160
連帯感　67
連絡担当者　74
老人大学　11
ロング集会　75

ワ行

環食　40
和食　40
話食　40

執筆者紹介 （執筆順，執筆担当）

山﨑 英則（やまさき・ひでのり，編著者，元・神戸親和女子大学）　第1章・終章

荒堀 浩文（あらほり・ひろふみ，元・神戸女子大学）　第2章

杉山 浩之（すぎやま・ひろゆき，広島文教女子大学）　第3章

南本 長穂（みなみもと・おさお，編著者，関西学院大学）　第4章・第9章

上原 行義（うえはら・こうぎ，十文字学園女子大学）　第5章

木村 政伸（きむら・まさのぶ，九州大学）　第6章

櫻田裕美子（さくらだ・ゆみこ，宮崎産業経営大学）　第7章

戸田 浩暢（とだ・ひろのぶ，広島女学院大学）　第8章

富村　誠（とみむら・まこと，京都女子大学）　第10章

北岡 宏章（きたおか・ひろあき，京都光華女子大学）　第11章

生野 金三（しょうの・きんぞう，関西福祉科学大学）　第12章

新しい特別活動の指導原理

2017年2月20日　初版第1刷発行　　　〈検印省略〉

定価はカバーに
表示しています

編著者	山﨑 英則
	南本 長穂
発行者	杉田 啓三
印刷者	中村 勝弘

発行所　株式会社　ミネルヴァ書房
607-8494　京都市山科区日ノ岡堤谷町1
電話(075)581-5191／振替01020-0-8076

© 山﨑・南本ほか，2017　　中村印刷・清水製本

ISBN978-4-623-06180-8
Printed in Japan

これからの学校教育と教師──「失敗」から学ぶ教師論入門

佐々木司・三山 緑 編著　A5判190頁　本体2200円

● 教職「教育原理」「教職の意義等にかんする科目」向けの入門書。各章末で，現在教壇に立つ現場教員の「失敗・挫折」を扱ったエピソードを紹介，本文と合わせて，そこから「何を学ぶのか」，わかりやすく解説する。

はじめて学ぶ生徒指導・進路指導

広岡義之 編著　A5判186頁　本体2200円

● 教職における「生徒指導・進路指導」の教科書。文部科学省「生徒指導提要」を核とし，事例も紹介しながら生徒指導・進路指導の理論と具体的な実践のあり方を提示する。教師をめざす読者にその基礎的理解を深めさせるとともに，現場教師にとっても活用できる有用な一冊。

事例で学ぶ学校の安全と事故防止

添田久美子・石井拓児 編著　B5判156頁　本体2400円

● 「事故は起こるもの」と考えるべき。授業中，登下校時，部活の最中，給食で…，児童・生徒が巻き込まれる事故が起こったとき，あなたは──。学校の内外での多様な事故について，何をどのように考えるのか，防止のためのポイントは何か，指導者が配慮すべき点は何か，を具体的にわかりやすく，裁判例も用いながら解説する。学校関係者必携の一冊。

──ミネルヴァ書房──

http://www.minervashobo.co.jp/